novum pro

Karin Klein

… immer noch diese Gedanken …

novum pro

Bibliografische Information
der Deutschen Nationalbibliothek:

Die Deutsche Nationalbibliothek
verzeichnet diese Publikation in
der Deutschen Nationalbibliografie.
Detaillierte bibliografische Daten
sind im Internet über
http://www.d-nb.de abrufbar.

ISBN 978-3-95840-163-1
Lektorat: Dr. Ursula Schneider
Umschlagfoto:
Jill Lang | Dreamstime.com
Umschlaggestaltung, Layout & Satz:
novum Verlag

Gedruckt in der Europäischen Union
auf umweltfreundlichem, chlor- und
säurefrei gebleichtem Papier.

www.novumverlag.com

Ich beginne mit meinem zweiten Buch, obwohl mein erstes noch nicht veröffentlicht wurde. Diesmal verzichte ich ganz bewusst auf einzelne Kapitel, weil es quasi die Fortsetzung des zweiten Kapitels meines ersten Buches „... immer diese Gedanken" ist.

Ich habe deshalb eine Auswahl getroffen, von der ich glaube, dass sie für andere von Bedeutung sein könnte.

Bin ich jedoch wirklich bereit, mich all dem zu stellen?

Alles in einem Alter, wo es sich andere gemütlich machen und auf ein erfülltes Leben zurückblicken?

Doch ist das Erfüllung, nur zurückblicken und nicht mehr vorwärtsschauen?

Gibt es da nichts mehr, was von mir noch gelebt werden will?

Ich glaube, nein, ich weiß, dass es noch vieles gibt, was von mir gelebt werden will.

Denn das Leben fordert mich heraus, jeden Tag aufs Neue, es zwingt mich, über mich selbst hinauszuwachsen.

Und dies bedeutet alles andere als Stillstand, es will, dass ich in Bewegung komme.

Seit der Unterzeichnung meines Vertrages habe ich das Gefühl, etwas in Gang gebracht zu haben, was ich nicht mehr kontrollieren kann. So in etwa, wie wenn eine Lawine ins Rollen gekommen sei, die sich mit nichts mehr aufhalten ließe.

Irgendwie will ich das auch nicht mehr, denn ich weiß trotz aller Bedenken, dass ich das Richtige getan habe. Mir bleibt also nichts anderes mehr übrig, als einfach abzuwarten, zu schauen, was passiert, und damit das zu tun, wovon ich in meinem ersten Buch geschrieben habe – voll und ganz dem Leben zu vertrauen.

Obwohl ich mich jetzt zurücklehne, kommt etwas in Bewegung!

Ein Paradoxon, das ich nicht verstehen muss, sondern einfach nur auf mich wirken lassen kann.

Eines jedoch verstehe ich, nicht blinde Geschäftigkeit bis hin zu völliger Erschöpfung hat mich vorwärtskommen lassen, sondern Besinnung.

Und zwar Besinnung auf das, was mir im Leben wirklich wichtig ist.

Den Code unserer inneren Schatztruhe gilt es zu knacken. Dies ist einfacher, als wir glauben. Jeder verfügt über seinen ganz persönlichen, passenden Schlüssel dazu, deshalb kann auch jeder nur seine eigene Weisheit anzapfen und nicht bei einem anderen.

Wie finde ich nun diesen Schlüssel?, wird vielleicht so manch einer jetzt fragen.

Die Antwort darauf lautet: in der Annahme meines Schmerzes, im Erkennen meiner Fähigkeiten und in der Beständigkeit. Das ist die schlichte Wahrheit, der ich gefolgt bin.

Und ich hoffe und wünsche mir sehr, dass ein jeder diesen Schlüssel finden mag.

Steter Tropfen höhlt den Stein, den Stein unserer festen Überzeugungen, und lässt ihn weich werden.

Aus diesem Grund ist es so wichtig, nicht immer nur neuen Kicks hinterherzujagen, um für ein paar kurze Momente Glücksgefühle zu erleben.

Dauerhaftes Glück erfahren wir nur tief in uns, denn da liegt ein Schatz verborgen, der mit allem Geld der Welt nicht aufzuwiegen ist.

Als Kind habe ich fast alle Märchen gelesen, die es gab – so glaube ich zumindest.

Dabei vergaß ich um mich herum einfach alles. Ich war dermaßen vertieft in die Handlung, dass ich mich völlig mit den Figuren identifizieren konnte.

Schneewittchen, Frau Holle oder Aschenputtel erlebte ich so, als ob ich mitten im Geschehen wäre, ein Film hätte es mir nicht realistischer zeigen können.

Doch ein Märchen machte mir irgendwie Angst, es war Dornröschen.

Weshalb Dornröschen, was erzeugte diese Angst in mir?

War es der Gedanke daran, durch den Fluch einer Fee in einen hundertjährigen Schlaf zu fallen und mit mir meine ganze Familie?

War es die Angst davor, aus diesem Albtraum nie wieder zu erwachen?

Angst davor, dass dieser Albtraum die Wirklichkeit wäre?

Ich hatte auch allen Grund dazu, schließlich war es für mich kein Märchen, sondern die Wirklichkeit. Alles erlebte ich ganz real.

Mein Leben erschien mir schon als Kind wie ein böser Traum, aus dem ich niemals wieder erwachen würde. Ich glaubte wirklich, meine Familie wäre von einer bösen Fee mit einem Fluch verzaubert worden und ich müsse nur lange genug schlafen, damit ich und mit mir meine ganze Familie aus diesem Albtraum wieder erwachen würden.

„Auf meiner Familie lastet ein böser Zauber" – dieser stressige Gedanke verbarg sich dahinter.

Doch ist das auch wirklich wahr, ist das alles ein böser Fluch, gegen den ich machtlos und dem völlig hilflos ausgeliefert war?

Ich glaube nicht, denn auf meiner Familie lasten böse Gedanken, aber kein fauler Zauber.

„Auf meiner Familie lastet kein böser Zauber", das ist die Wahrheit, denn mit meinem Erwachen kann auch meine Familie sich befreien und endlich in der Wirklichkeit ankommen.

So, wie ich schon einmal beschrieben habe, hinterlassen Märchen eine tiefe Wirkung in einem Kind. Die Ursachen hierfür liegen in vielen Generationen vor uns.

Die Gebrüder Grimm und & Co erkannten die Ängste und stressigen Gedanken, die in den Kindern herumgeistern, wollten sie ihnen mit ihren Märchen ins Bewusstsein holen und ihnen damit zeigen, dass sie nicht völlig unbegründet waren.

Leider wurden diese von vielen Eltern missbraucht, die selbst noch unter diesen Ängsten litten, natürlich unbewusst. Kein Erwachsener durfte sich jemals eingestehen, unter den gleichen Ängsten zu leiden wie ein kleines Kind. Schließlich ist man ja erwachsen und kein kleines Kind mehr.

Dass diese Ängste auch heute noch in Erwachsenen ihr Unwesen treiben, zeigt sich in der tiefen Abneigung mancher Menschen gegenüber dem Wolf, der jetzt in vielen Regionen wieder heimisch zu werden scheint.

„Der Wolf ist eine blutrünstige Bestie" – dieser Gedanke ist es, der in den Köpfen für Horrorszenarien sorgt und auch nicht verwunderlich ist.

Früher, als es noch um das nackte Überleben ging, war ein Haustier, das von den Wölfen gerissen wurde, eine Katastrophe, denn schließlich ging es um die Existenz einer ganzen Familie. Im Laufe der Jahrhunderte rankten sich dabei immer gruseligere Geschichten um den Wolf, die dafür verantwortlich waren, dass dieses Tier fast vom Aussterben bedroht wurde. Sicherlich trägt sein für uns bedrohlich anzuhörendes Geheul ebenso dazu bei, Ängste in uns zu schüren.

Dabei ist der Wolf überaus menschenscheu und hat es lediglich auf Tiere abgesehen, die ihm sein Überleben sichern. Niemals würde er ein Tier aus niederen Beweggründen reißen, nur um seinen Blutrausch zu befriedigen.

Die Menschen, deren Existenzen auf der Tierhaltung beruhen, werden jetzt sicher einwenden: Was nützt mir das alles, wenn ein Wolf meine Herde überfällt und die Tiere wie in einem Blutrausch eines nach dem anderen tötet.

Dieser Einwand ist berechtigt, doch ist er auch wahr?

Tötet ein Wolf ein Tier nach dem anderen aus reiner Blutgier?

Auch hier gibt es eine andere Wahrheit. Sie lautet: „Der Wolf ist keine blutrünstige Bestie." Das bedeutet, dass es allein unser Denken ist, das ihn zu einer wütenden Bestie gemacht hat und nicht die Wirklichkeit darstellt.

„Mein altes Denken ist eine blutrünstige Bestie" – ist noch eine Wahrheit. Denn ein Tier spürt die Ängstlichkeit der Menschen und bedeutet damit für ein anderes leichte Beute.

Nur aus diesem Grund verfällt ein Wolf in einen Blutrausch. Ein Schäfer muss seine Ängste auf seine Tiere projizieren, weil er nicht anders kann, solange er seinen stressigen Gedanken folgt.

Total abgefahren, worüber ich hier schreibe, nicht wahr?

Wie kann ein Mensch seine Ängste auf Tiere übertragen? Und doch ist es so.

Ein Hund zum Beispiel spürt ganz genau, wenn es seinem Herrchen schlecht geht, oftmals mehr, als mancher Mensch es kann. Tiere verfügen über ein viel stärkeres Gespür als wir Menschen. So sind bei dem gewaltigen Tsunami Hunderttausende von Menschen ums Leben gekommen, doch kaum Tiere. Sie haben die Gefahr gespürt und konnten sich rechtzeitig in Sicherheit bringen.

Mit diesen neuen Gedanken kann ich auch mit einem Wolf Frieden schließen und muss seine Ausbreitung in unseren Wäldern nicht länger fürchten.

Ach ja, eines wollte ich noch hinzufügen. Ich habe noch nie gehört, dass ein Mensch von einem Wolf angefallen oder sogar getötet wurde.

Allerdings erfuhr ich von einem Menschen, der von einem Wildschwein schwer verletzt wurde, obwohl sich keine Frischlinge in der Nähe befanden.

„Aus Gründen Ihrer persönlichen Sicherheit dürfen Sie nicht mehr zur See fahren." Diese Antwort eines Bevollmächtigten der Stasi empfand ich damals wie einen Schlag ins Gesicht.

Ich fühlte mich in keiner Weise von irgendjemandem bedroht. Im Gegenteil, diese Worte empfand ich als eine Bedrohung. Sie bedeuteten für mich das endgültige Aus und ich fühlte mich wieder einmal als gescheitert, als ein Versager, der nichts auf die Reihe kriegte, der unfähig war, sein Glück festzuhalten.

Doch ist dies auch die Wahrheit? War ich wirklich unfähig oder musste ich vielleicht doch vor irgendetwas geschützt werden?

Das wollte ich jetzt überprüfen und fand heraus: „Aus Gründen meiner stressigen Gedanken darf ich nicht mehr zur See fahren." Es bedeutet, dass kein Mensch seinen stressigen Gedanken entfliehen kann, denn sie verfolgen ihn bis ans andere Ende der Welt.

Vor ihnen musste ich geschützt werden und nichts anderem.

Für mich jedoch ist nur eines wichtig, durch die Überprüfung meiner stressigen Gedanken kann ich mit meiner Vergangenheit Frieden schließen und habe auch keinerlei Bedürfnis danach, meine Stasi-Akte einzusehen.

Wenn ich in der Vergangenheit mit meinem Mann über das Thema Stasi sprach, sagte ich oftmals: „Eigentlich müssten wir ihr dankbar sein, denn ohne sie hätten wir uns nie kennengelernt." Dies sollte ein Scherz sein, doch es ist die Wahrheit, denn „aus Gründen meiner persönlichen Sicherheit" durfte ich wieder zurückfahren.

Ob ein Mensch sich für neue Gedanken öffnen kann oder nicht, liegt an jedem Menschen selbst, da hilft kein noch so schlaues Buch mit wissenschaftlichen Erklärungen.

Worum es mir geht, sind die persönlichen Erfahrungen eines jeden Menschen, denn sie sind wertvoller als jeder Besuch einer Universität. Sie allein verfügen über den Schlüssel zu meinem persönlichen Glück, natürlich unter der Voraussetzung, dass ich mein Herz für mich selbst wieder öffnen kann und nicht länger meinen stressigen Gedanken, sondern meinem Herzen folge.

Damit will ich jedoch nicht behaupten, dass ein Studium überflüssig sei. Es geht mir darum, dass jeder Mensch eine Aufgabe in seinem Leben zu erfüllen hat und diese besteht nicht etwa in harter Arbeit, in Selbstausbeutung, sondern darin, tiefe Erfüllung in dem zu finden, was man tut. Braucht es dazu ein hohes Wissen, dann ist es genauso gut, wie wenn ich für meine Berufung über keine großartigen geistigen Leistungen verfügen muss.

Entscheidend ist einzig und allein, ob ich glücklich bin mit dem, was ich tue. Denn das ist die eigentliche Berufung eines jeden Menschen, sich selbst und damit automatisch auch andere mit seiner Berufung glücklich zu machen.

Dazu ist es nötig, mit noch einem Vorurteil aufzuräumen, und zwar: „Ich glaube nicht an die Macht der Gedanken."

Eine Lüge, denn für mich ist wahr: „Ich glaube an die Macht der Gedanken." Mit diesem neuen Gedanken muss ich meinen Verstand nicht länger außen vor lassen, sondern kann ihn mit ins Boot nehmen, um mir all meine Herzenswünsche zu erfüllen.

Denn er entscheidet, ob ich daran glaube oder nicht, so, wie ich es schon einmal beschrieben habe.

„Das sagt mir mein gesunder Menschenverstand" – ist zum Beispiel solch ein Argument meines alten Denkens.

Hat es damit recht?

Bin ich krank, wenn ich ihm nicht länger glauben will?

Auch hier gibt es eine andere Wahrheit, sie lautet: „Das sagt mir mein kranker Menschenverstand", und bedeutet, dass kein Mensch sich bewusst in sein Unglück stürzen würde. So, wie mein altes Denken ohne zu zögern mich ans Messer liefern würde, nur um sein Recht zu bekommen.

Das ist krank und nichts anderes. Doch meinem Verstand ist nicht bewusst, was er damit anrichtet.

Ich habe nur eine Möglichkeit, ihn vom Gegenteil zu überzeugen, und die besteht darin, ihm voller Mitgefühl zu begegnen. Denn schließlich glaubt er, dass es zu meinem Wohle ist, zunächst einmal alles infrage zu stellen.

Letztendlich genau das, was ich mit der Überprüfung meiner Gedanken mache.

Der einzige Unterschied zu meinem Verstand besteht darin, dass ich bereit bin, mein Rechthabenwollen loszulassen. Damit tue ich etwas, was mein Verstand bzw. mein Ego nicht kann. Er lässt sich nur mit Fakten überzeugen und Fakt ist, ich muss ihn nicht länger bekämpfen, sondern kann mit ihm gemeinsam für mich eine neue Welt kreieren.

Damit bekommt er neue Herausforderungen, an die er sich mit Feuereifer machen wird, denn nichts fürchtet mein Denken mehr, als nicht mehr gebraucht zu werden. Schließlich bedeutet Stillstand für es den sicheren Tod.

„Ich handle mit der Macht der Liebe“, ist noch eine Wahrheit und bedeutet, dass es nicht reicht, nur an die Macht der Liebe zu glauben, sondern dass ich auch danach handeln soll.

Schon Johann Wolfgang von Goethe wusste: „Es ist nicht genug zu wissen, man muss auch anwenden, es ist nicht genug zu wollen, man muss auch tun“ oder „Geborgenheit ist ein stärkeres Wort für Glück“.

Diese weisen Worte bedeuten für mich, dass es zum Grundbedürfnis eines jeden Menschen zählt, sich geborgen zu fühlen. Das ist noch wichtiger als Glück. Ohne dieses Gefühl tiefer Geborgenheit werde ich dem Glück vergeblich hinterherrennen und nirgendwo zu Hause sein.

Wo finde ich nun dieses tiefe, großartige Gefühl?

Es gibt nur eine Antwort darauf, sie lautet: Ich finde es nur in mir selbst.

Indem ich in die Stille gehe, weil ich nur so die leise Stimme in mir vernehmen kann, die mir sagen will, dass ich in der lauten, geschäftigen Welt nicht zur Ruhe komme und damit meinen Bezug zu mir verliere.

Ich kann mir vorstellen, dass manch einer jetzt sagt, so einfach sei das nicht, schließlich sei ich ja Rentnerin und hätte dadurch alle Zeit der Welt.

Dem muss ich zustimmen, ich habe jetzt mehr Zeit als früher. Doch kommt es darauf an, wie viel Zeit ich habe?

Oder ist es nicht wichtiger, dass ich mich erst einmal für den Gedanken öffne, dass mir mehr Ruhe helfen kann, aus dem Hamsterrad der Geschäftigkeit auszusteigen?

Dass es eine Möglichkeit dafür gibt und ich sie nur noch nicht erkennen kann?

Ein Anfang ist gemacht, wenn ich beginne, mir Fragen zu stellen. Will ich so weitermachen wie bisher? Befriedigt mich diese stressige Situation? Bin ich glücklich damit?

Zunächst reichen ein paar Minuten täglich für sich selbst. Ich glaube, das kriegt jeder hin.

Auch ein Mensch, der voll im Hamsterrad seiner beruflichen Tätigkeit steckt, Familie und Kinder unter einen Hut bringen muss, hätte dafür wenigsten fünfzehn Minuten Zeit.

Zeit für sich selbst, die kostbarer ist als jedes Streben nach Glück und Erfüllung.

In diesen wenigen Minuten erfahre ich mehr über mich als in allen Jahren vorher.

In diesen wenigen Minuten lerne ich mich selbst kennen, all meine verborgenen Wünsche und Bedürfnisse, jedoch ebenso meine alten, negativen Überzeugungen, die diese blockieren.

All dies offenbart sich mir, sobald ich den Weg nach innen gehe. Und das Wichtigste: Ich erfahre, wie ich mir meine Wünsche selbst erfüllen kann.

Sagt mir jetzt noch jemand: In die Stille zu gehen, bringt mir nichts? Oder: Das gelingt mir nicht?

Auch wenn man nicht daran glaubt, der Anfang ist schon gemacht, sobald man sich für folgenden Gedanken öffne: Vielleicht ist doch etwas dran, ich kann mir im Moment nur noch nicht vorstellen, dass es so einfach sein soll.

Mir geht es nicht darum, irgendjemanden von etwas zu überzeugen, weil ich weiß, dass dies nie funktionieren kann. Jeder hat sein eigenes Tempo, um seine Wahrheit zu finden, was ich respektieren muss, wenn ich wirklich etwas bewegen will.

Mit Druck erreiche ich das ganze Gegenteil. Aus diesem Grund kann ich nur hoffen und mir von ganzem Herzen wünschen, dass mir dies mit meinen Büchern gelingt.

Wieder steht Weihnachten vor der Tür, doch diesmal für uns ein trauriges.

Wir mussten unseren kleinen Terrier einschläfern lassen.

Schweren Herzens nahmen wir Abschied von ihm. Ich hatte das Gefühl, einen guten Freund verloren zu haben, einen, der auf mich wartete, wenn ich fortging, und einen, der sich freute, wenn ich wieder nach Hause kam. Doch es ging nicht anders, er war schon alt und wir wollten ihm weiteres Leid ersparen.

Einen Tag zuvor sah ich im Fernsehen den Spielfilm „Das Wunder von Manhattan".

In ihm ging es um ein kleines Mädchen, das hin und hergerissen wurde von der Frage: Gibt es den Weihnachtsmann nun wirklich oder nicht? Seine Mutter hatte ihm erzählt, dass alles nur Lüge, also nicht die Wahrheit sei.

Nach dem Film ergriff mich eine tiefe Traurigkeit. Ich glaubte, dies hinge noch mit dem Abschied von unserem Hund zusammen, doch das war es nicht nur.

Es war die Erinnerung daran, dass ich mir als kleines Mädchen vom Weihnachtsmann einen Hund gewünscht hatte. Meine Mutter sagte mir daraufhin, dass der Weihnachtsmann nicht alle Wünsche erfüllen könne und dass es ihn sowieso nicht gäbe, dass sie die Geschenke kaufen müsse.

Für mich brach eine Welt zusammen. Der Weihnachtsmann und damit das ach so heilige Fest waren eine Lüge!

Dass der Weihnachtsmann nicht alle Wünsche erfüllen könne, leuchtete mir ein, doch was mich viel stärker traf, war der Gedanke, dass es gar keinen gibt.

Kein Weihnachtsmann bedeutete keine Geschenke mehr, nichts mehr, worauf ich mich freuen konnte. Dieser Schmerz brannte sich tief in mir ein, denn schließlich glaubte ich ja zu wissen, dass meine Eltern kein Geld für Geschenke hatten.

Meine einzige Hoffnung war der Weihnachtsmann gewesen und die wurde nun jäh zerstört, mein Glaube hatte einen tiefen Riss bekommen.

Doch ist das auch wahr, soll es den Weihnachtsmann wirklich nicht geben?

Um diese Frage zu beantworten, muss ich noch etwas weiter ausholen.

In all den Jahren hatten wir drei Hunde, einen Mischling, einen Kleinpudel und nun zuletzt unseren kleinen Terrier.

Im Rückblick wurde mir plötzlich klar, dass ich selbst nie bewusst die Entscheidung für unsere Hunde getroffen hatte. Sie wurden mir auf unterschiedliche Weise quasi ins Haus geliefert und ich damit vor vollendete Tatsachen gestellt.

Mir fiel es wie Schuppen von den Augen, es war mein Wunsch an den Weihnachtsmann vor vielen Jahren gewesen und er hatte es nicht vergessen!

Den Weihnachtsmann gibt es also doch!

„Es gibt keinen Weihnachtsmann" – dieser stressige Gedanke war verantwortlich dafür, dass das Weihnachtsfest seinen Zauber für mich verloren hatte.

Wird einem Kind auf diese Weise sein Glaube genommen, dann bricht in dem Kind etwas zusammen. Wem soll es dann noch vertrauen, wenn nicht dem Weihnachtsmann und auch nicht mehr seinen Eltern? Es wird sich ein Leben lang belogen und betrogen fühlen, kein Vertrauen, keine Geschenke, keine Freude mehr, die tief aus dem Herzen kommt.

„Den Weihnachtsmann gibt es doch" – ist somit für mich die Wahrheit, auch wenn mich jetzt so manch einer dafür belächeln wird.

Doch war es auch wirklich ein Herzenswunsch von mir, zu Weihnachten einen Hund zu bekommen, oder verbarg sich dahinter ein ganz anderer Wunsch?

Ich glaube schon, denn mein wahrer Herzenswunsch war die Sehnsucht nach einem echten Freund, einem, der immer für mich da ist, wenn ich ihn brauchte, der mit mir spielte und mich so nahm, wie ich wirklich war, mir also all meine Fehler und Marotten verzeihte.

Muss ich diesen tiefen Wunsch in mir nun endgültig begraben oder gibt es diesen Freund tatsächlich?

Es gibt ihn und der bin ich selbst. Sobald ich mich für diese Erkenntnis öffnen kann, steht der Erfüllung meiner Herzenswünsche nichts mehr im Weg und ich kann auch im Außen offen für wahre Freundschaften sein.

Ob unsere Wünsche nun der Weihnachtsmann oder Gott (oder das Leben) erfüllt, das spielt keine Rolle, vorausgesetzt natürlich, wir glauben daran.

So wie in dem Film wird der Weihnachtsmann (oder das Leben) „böse“, wenn man ihn als Lügner bezeichnet. Da schlägt er auch schon mal zu, mit aller Härte und Unnachgiebigkeit.

Doch nicht, um uns bewusst wehzutun, sondern damit wir wieder zur Besinnung kommen und uns vor Augen halten, dass wir einer Lüge gefolgt sind.

Wir jedoch glauben, dass „das Schicksal hart zugeschlagen hat“. Eine Lüge, denn das Schicksal kann nicht zuschlagen, erst unsere stressigen Gedanken werden zu unserem Schicksal.

Mit ihnen legen wir den Samen, ob das Schicksal es nun gut oder böse mit uns meinen wird.

Wir ernten lediglich das, was wir gesät haben.

„Unser Denken hat hart zugeschlagen.“ Das ist die Wahrheit, weil wir ihm die Macht über uns überlassen haben. Dabei sind wir weitaus mächtiger als jeder stressige Gedanke.

Wir können ihn ziehen lassen, was ein stressiger Gedanke von uns nicht behaupten kann.

Schließlich verfügen wir über Herz und Verstand. Beide können zwischen Lüge und Wahrheit unterscheiden und stressige Gedanken einfach weiterziehen lassen, ohne ihnen irgendeine Bedeutung zu geben.

Das bedeutet ebenso, dass Härte und Unnachgiebigkeit da, wo es nötig ist, auch Liebe sein können, so, wie ich es schon einmal beschrieben habe.

„Gott gibt es nicht“, auch dieser Gedanke ist für mich eine Lüge. Deshalb folge ich einem neuen, er lautet: „Gott gibt es doch.“

Schließlich hat er mir meinen Herzenswunsch nach einem wahren Freund erfüllt.

„Mich gibt es“ – damit bin ich sichtbarer Beweis für Gottes Existenz.

Alles, was ist, beruht auf Ursache und Wirkung. Hinter allem verbirgt sich eine Kraft, auch wenn das nicht jeder wahrhaben will und wir damit einem vermeintlich ungerechten Leben voller Frust, Wut und Ohnmacht gegenüberstehen.

„Ohne meinen Glauben ist nichts mehr, wie es einmal war.“ Mit diesem stressigen Gedanken sperren wir uns dagegen, noch einmal neu geboren zu werden.

Mit der bösen, kalten Welt da draußen wollen wir nichts mehr zu tun haben und igeln uns in unserer Komfortzone ein. In ihr glauben wir, geschützt zu sein wie ein ungeborenes Kind im Mutterleib. Doch das ist ein Irrtum. In Wahrheit „schützen“ wir uns damit davor, noch einmal dahin zurückzukehren, woher wir aufgebrochen waren, und damit vor uns selbst.

„Mit meinem Glauben ist alles wieder so, wie es einmal war.“ Dieser neue Gedanke ermöglicht mir, bei mir anzukommen und meinem von Gott mir vorgegebenem Weg weiter zu folgen.

Ich erkenne, dass die Welt da draußen nicht kalt und böse ist, sondern mir lediglich meine Überzeugung widergespiegelt hat, dass es keinen Gott geben kann, wenn so viel Leid in der Welt geschieht.

Unsere Komfortzone, damit meine ich unser vermeintlich sicheres Leben, ist in Wahrheit ein Risiko, gegen das sich kein Mensch versichern kann.

Keine noch so hohe Mauer, kein Stacheldraht schützen uns. Was uns schützt, ist unser Vertrauen, dass wir aufgefangen werden, wenn wir einmal fallen sollten. So, wie wir als Kleinkind damals unseren Eltern blind vertrauten.

„Mit meinem Glauben ist nichts mehr, wie es einmal war.“ Auch dieser Gedanke ist die Wahrheit und bedeutet, dass ich mein Versprechen mir gegenüber eingelöst habe, dass ich und mit mir meine ganze Familie irgendwann wieder erwachen werden und damit der böse Zauber endlich ein Ende hat.

Ich bin davon überzeugt, dass viele Menschen diesen Traum der Begrenzung leben oder, besser gesagt, schlafen.

Dies zeigt eine immer größer werdende Anzahl depressiver Menschen.

Wir haben so viel erreicht, führen ein Leben in Wohlstand, von dem vergangene Generationen nur träumen konnten, und sind dennoch unzufrieden?

Wir könnten eigentlich glücklich sein, doch warum sind wir es oftmals nicht?

Irgendetwas hindert uns daran, doch was ist das?

Könnte dies ebenso ein stressiger Gedanke sein?

Ich glaube schon, dass es so ist, denn: „Ich muss für materiellen Wohlstand sorgen, um glücklich zu sein." Dieser Gedanke treibt uns alle an, lässt uns nicht zur Ruhe kommen.

Nachdem die Nachkriegsgeneration zuerst für das leibliche Wohl gesorgt hatte, was natürlich überlebenswichtig war, drängt etwas in uns nun mittlerweile für unser seelisches Wohl.

Aussagen wie: „Denen geht es heute zu gut, die hätten mal zu unserer Zeit leben müssen", beschreiben dieses Dilemma, ohne einen Ausweg dafür zu finden.

Doch ist das auch wahr, geht es uns heute wirklich zu gut?

Ich glaube nicht, denn die Wahrheit ist: „Uns geht es heute schlecht, weil wir nicht in unserer Zeit leben."

Dies bedeutet, dass wir mit diesem Gedanken nicht vollständig im Heute leben können, weil wir in ständiger Sorge davor sind, in Zukunft unseren erreichten Wohlstand womöglich aufgeben zu müssen.

Wir erkennen nicht, dass das wirkliche Leben jetzt stattfindet und nicht irgendwann in der Zukunft.

Unsere Sorge um das Morgen vernebelt unseren Blick für den großen Reichtum, der uns *jetzt* umgibt.

Wie oft hören wir von guten Ratschlägen, wie zum Beispiel: „Gib jedem Tag die Chance, der schönste deines Lebens zu werden." Wir lesen sie und denken, ein weiser Spruch, doch beherzigen tun wir es nicht.

Können wir auch nicht, denn erst die Umkehrung – „Ich gebe jedem Tag die Chance, der schönste in meinem Leben zu werden" – lässt mich diese Chance auch ergreifen und führt mich ins Leben zurück.

Alle guten Sprüche sind vollkommen wertlos, solange es nur Sprüche bleiben und wir sie nicht mit Leben erfüllen.

„Jeder Tag gibt mir die Chance, der schönste in meinem Leben zu werden“, auch dies ist die Wahrheit und bedeutet, dass das Leben uns täglich viele Möglichkeiten zur Umkehrung bietet, die wir jedoch ungenutzt verstreichen lassen.

Jeder stressige Gedanke weniger bringt mich meinem Ziel näher und befreit mich von einer schweren Last. Schon allein das ist ein großer Erfolg auf meinem Weg zurück zu mir selbst.

Ebenso die Tatsache, dass in mir keine stressigen Gedanken mehr ihr Unwesen treiben, denn „jeder stressige Gedanke ist einer zu viel“ und ist doch die Wahrheit.

Die Umkehrung dazu lautet: „Jeder stressige Gedanke ist einer zu wenig.“ Dies klingt zunächst etwas seltsam, doch es bedeutet, dass ich erst dann genug habe, wenn ich mich von jedem stressigen Gedanken getrennt habe, der mich von meinem Weg abgebracht hat.

Denn der Weg ist das Ziel. Das bedeutet nicht, dass ich es mir wieder in meiner Komfortzone gemütlich machen kann, wenn ich es erreicht habe.

Leben bedeutet Weiterentwicklung, sonst entwickelt es sich wieder zurück. Ich darf mir neue Ziele stecken und damit zu neuen Horizonten aufbrechen, die ich mir mit meinem begrenzten Verstand noch nicht einmal vorstellen kann.

Unser Leben steht vor der Tür und begehrt Einlass. Es wird höchste Zeit, ihm den Zutritt nicht länger zu verwehren. Öffnen wir ihm die Tür und bitten wir es herein, damit es endlich eine Chance bekommt, dass wir es auch leben und uns nicht länger in unserer Komfortzone vor ihm verstecken.

„Fröhliche Weihnachten und einen guten Rutsch ins neue Jahr!“ Wer hat nicht jahrelang diese Glückwünsche auf Postkarten an Verwandte und Bekannte verschickt.

Jedes Jahr das Gleiche, jedes Jahr fast der gleiche Wortlaut.

Irgendwann wollte ich das nicht mehr, so gut, wie sie gemeint waren. Sie erzeugten in mir nur noch ein schales Gefühl.

So beschloss ich, damit aufzuhören, und telefonierte lieber, um meine guten Wünsche zu übermitteln. Ich fand es persönlicher als diese kurzen, unpersönlichen Worte auf der Weihnachtskarte.

Doch weshalb empfand ich es nicht mehr als angebracht, weshalb wollte ich dies plötzlich nicht mehr?

Auch darauf wollte ich jetzt eine Antwort bekommen und fand heraus, dass diese Glückwünsche nicht das sind, was ich wirklich will.

Ich will nicht in erster Linie ein frohes Weihnachtsfest und auch keinen guten Rutsch ins neue Jahr.

Was ich will, ist: „Ein fröhliches Leben und einen guten Rutsch in mein neues Leben."

Sich einmal im Jahr frohe Weihnachten und ein glückliches neues Jahr zu wünschen, reicht mir nicht, ich will mehr.

Und damit kann ich jeden Tag beginnen, muss nicht länger nur auf Weihnachten warten.

So faszinierend das Weihnachtsfest für uns auch sein mag, noch faszinierender ist das Leben, das, was jeden Tag in unserem Leben passiert.

Das, was jeden Tag passiert, soll faszinierend sein?

Wenn es mir noch nicht einmal gelingt, wenigstens zum heiligen Fest Friede, Freude und Verbundenheit zu erleben?

Da muss doch etwas faul an meinem Leben sein!

Ist es auch, jedoch nicht an meinem Leben, sondern an meiner Einstellung zu ihm.

„Vergessen Kummer und Harm", diese Worte aus dem Weihnachtslied sind für diese negative Einstellung verantwortlich, denn sie sind nicht vergessen. Sie sind allgegenwärtig, zeigen sich in mir, in der Familie, auf der ganzen Welt.

Kein Wunder also, dass das Weihnachtsfest für mich immer mehr einen schalen Beigeschmack bekommt.

Doch muss das auch so bleiben, können wir nichts mehr tun, um Friede, Freude und Verbundenheit zu erleben?

Es muss nicht so bleiben. Wir können etwas tun, wir können einem neuen Gedanken folgen, er lautet: „Unsere stressigen Gedanken vergessen." Denn sie sind es, die das Weihnachtsfest zu einem rein kommerziellen Fest verkommen ließen und uns weismachen, je größer die Geschenke, je toller das Essen, umso schöner ist Weihnachten.

Ein großer Irrtum, denn: „Ein Gericht Kraut mit Liebe ist besser als ein gemästeter Ochs mit Hass." Diese weisen Worte aus der Bibel bringen es auf den Punkt.

Wir wollen kein Vier-Gänge-Menü, alles, was wir wollen, ist satt werden, jedoch nicht, indem wir Essen in uns hineinstopfen, wir wollen satt werden durch die Liebe. Danach hungert uns und nach nichts anderem.

„Ein Gericht Kraut ist besser als gemästete Gedanken mit Liebe." Eine zunächst seltsam anzuhörende Umkehrung, doch sie beinhaltet die Wahrheit.

Wir glauben zu lieben, wir glauben, ein guter Mensch zu sein, wir glauben, wir sind edel und gut, weil wir uns für andere einsetzen, wir glauben, wir haben unser Leben im Griff.

Nichts von dem ist wahr. Wir sind weitaus mehr, als wir glauben zu sein, denn in unserem tiefsten Kern sind wir Liebe, reine, unverfälschte Liebe.

Wenn das wahr sein soll, wieso gibt es dann Mord und Totschlag auf der ganzen Welt?

Wieso führen wir sinnlose Kriege, können nicht wirklich etwas gegen Not und Elend tun?

Wieso gibt es so viel Ungerechtigkeit?

Unendlich viele unbeantwortete Fragen, doch nur eine Antwort und sie lautet:

Alle Krisen dieser Welt sind in Wahrheit ein Aufbrechen dieses großartigen Gefühls in uns.

Denn seine Zeit ist gekommen, nichts kann es mehr halten. Kein Hass, kein Krieg, keine Lüge.

Liebe verbrennt alles, was nicht zu unserem wahren Kern gehört, tötet jede Lüge in uns.

Ja, es ist schmerzhaft, ja, es tut oftmals höllisch weh, doch wir haben keine andere Wahl, als uns diesem Schmerz zu stellen, ihn nicht länger zu verdrängen, sondern dieses heilige Feuer in uns auszuhalten.

Aus der Asche unserer Lügen entsteht unglaublich nahrhafter Boden, in dem etwas Einzigartiges wachsen kann, unser wahres Selbst.

Woher ich das alles weiß?

Ich weiß es nicht, kann es nicht wissen, weil ich viel zu klein bin.

Doch etwas in mir ist unendlich größer und hat mich an die Hand genommen, hat mich geführt. Allein hätte ich diesen Weg niemals gefunden. Es war mein wahrer Freund, der mit mir durch dick und dünn gegangen ist, der mich getröstet hat, als ich glaubte, diesen Schmerz nicht länger ertragen zu können. Auf ihn konnte ich mich zu hundert Prozent verlassen.

Und das Beste daran, über diesen Freund verfügt ein jeder, denn es ist unser inneres Kind.

Doch wie kann ein Kind der Freund eines erwachsenen Menschen sein, ihn sogar an die Hand nehmen und führen?

Diese Frage ist berechtigt, denn wir glauben, das ist doch nur ein Kind, wie kann ein Kind also Erwachsene an die Hand nehmen und führen?

Es ist die Wahrheit, weil dieses unschuldige Kind alles in sich trägt, wovon wir träumen, und das ist Unschuld und Liebe.

Aus diesem Grund sind wir alle fasziniert von diesem unschuldigen Kind, das unter ärmlichen Verhältnissen das Licht der Welt erblickte. Sein Strahlen erleuchtete den ärmlichen Stall, in den es hineingeboren wurde, nichts konnte dieses Leuchten verhindern.

Doch ist mit seinem grausamen Tod am Kreuz dieses Leuchten erloschen?

Ich glaube nicht, denn dieses unschuldige Kind lebt in jedem von uns und wartet nur darauf, sich der Welt zeigen zu dürfen.

Erlauben wir es ihm wieder und verstecken es nicht länger unter dem Mantel unserer Lügen!

Dies ist eine Aufforderung, die ich an die Leser meines Buches richte. Auch auf die Gefahr hin, dass ich mir damit widerspreche, weil ich davon sprach, dass keiner mir auch nur ein Wort glauben soll von dem, was ich geschrieben habe.

„Ich habe meinen besten Freund verraten“, dieser Gedanke schmerzt unerträglich. Doch ist er auch die Wahrheit, habe ich das wirklich getan?

Er ist eine Lüge, denn: „Ich habe mich selbst verraten.“

Schon allein die Tatsache, dass ich dem ursprünglichen stressigen Gedanken nicht länger folge, lässt mich die Wahrheit erfahren. Sie lautet: „Ich habe meinen besten Freund nicht verraten.“

Auch die etwas ungewöhnliche Umkehrung – „Mein bester Freund hat mich verraten“ – ist die Wahrheit und bedeutet, dass er mich bei meinen stressigen Gedanken verraten hat.

Doch nicht, um mir zu schaden, sondern damit sie mir den Rücken zukehren und mich verlassen können, denn auch der Gedanke: „Mein Denken hat mich verraten (und kein anderer)“, ist die Wahrheit.

Aus diesem Grund muss ich auch nicht länger dem Gedanken folgen: „Ich bin ein Verräter.“ Denn die Wahrheit ist: „Ich bin ein Freund“, und damit auch fähig, mich selbst und andere zu lieben.

„Der Tod ist sinnlos“, mit diesem Gedanken frage ich mich, welchen Sinn es macht, einen unschuldigen Menschen jämmerlich sterben zu lassen.

Zu welch brutaler Gewalt sind Menschen doch fähig! Macht da irgendetwas überhaupt noch Sinn?

Die Antwort lautet: „Ja, denn der Tod ist nicht sinnlos.“ Erst seine Akzeptanz lässt mich wirklich leben. Mit jedem stressigen Gedanken, dem ich nicht mehr folge, stirbt etwas in mir, eine alte Überzeugung und damit ein Teil von mir. Erkenne ich darin nichts Sinnvolles, dann kann ich mich auch nicht wirklich davon trennen. Damit wäre mein Leben „sinnlos“.

Ohne Tod also kein Leben. Jeder Tod trägt neues Leben in sich, eine Wiedergeburt.

„Der Tod ist Leben" und „Leben ist Tod", beides gehört untrennbar zusammen.

Dies zu akzeptieren, fällt uns allen schwer, schließlich scheint der Tod etwas unwiderruflich Endgültiges zu sein, etwas, was uns Angst macht.

Doch ist das wahr, haben wir wirklich Angst vor dem Ende?

Ich glaube nicht, denn die Wahrheit ist: „Wir haben Angst vor dem Anfang." Und damit davor, dass wir noch einmal ganz von vorne anfangen, all diesen Schmerz und all dieses Leid noch einmal erleben müssen.

„Ich muss alles Hässliche, jede Schwäche, alles Hartherzige, meine Wut, meine Unvollkommenheit, meine Hilflosigkeit, meinen Hass und damit all das, was in mir ist und was ich in anderen erkenne, lieben, um glücklich zu sein."

Doch ist das auch die Wahrheit, muss ich das wirklich?

Die Antwort ist: „Nein, das muss ich nicht." Damit stelle ich eine Forderung an mich, die ich niemals erfüllen kann. Sie bewirkt nur eines, ich jage einem Ideal von mir hinterher, das ich nicht bin.

Die Wahrheit ist: „Ich darf mich und andere hässlich, schwach, hartherzig, wütend, unvollkommen, hilflos und manchmal auch abstoßend finden."

Mit diesem neuen Gedanken kann ich endlich damit anfangen, mich und andere in unserer ganzen Erbärmlichkeit, Hässlichkeit und Unvollkommenheit so anzunehmen, wie wir nun einmal sind.

Erst die Annahme unserer eigenen Unvollkommenheit lässt uns vollkommen sein und ermöglicht uns, so zu leben, wozu wir gekommen sind, als ein Mensch.

Ich muss nicht länger glauben, dass ich zu gut für diese Welt bin, denn in Wahrheit ist die Welt zu gut für mich.

Ich muss auch nicht länger davon überzeugt sein, die Welt retten zu müssen, denn sie rettet sich selbst. Meine Aufgabe besteht darin, mich selbst zu retten, denn dann ist die Welt gerettet.

„Christ der Retter ist da", dem muss ich nicht länger folgen, weil jeder sein eigener Retter ist und nicht länger auf ihn warten muss.

„Mensch der Retter ist da", das ist die Wahrheit und lässt uns nicht länger irgendwann auf das Ankommen des Messias hoffen. Er ist schon lange da. Nur weil wir alle jahrhundertelang geschlafen haben, konnten wir ihn nicht sehen.

„Das Leben ist da", mit diesem neuen Gedanken feiern wir nicht eine Gottheit, sondern jeden noch so kleinen Menschen, denn er ist der wahre Retter der Menschheit.

Schließlich ist es einfacher, jemanden auf einen Sockel zu stellen und ihn anzubeten, als sich selbst aus der Masse zu erheben und damit sichtbar, authentisch, aber auch angreifbarer zu werden.

Diese Vorstellung, für alle sichtbar zu sein, mich nicht mehr in der Herde verstecken zu können, war meine größte Angst, bevor ich mit dem Schreiben begann.

Im stillen Kämmerlein ein Buch zu schreiben (vor allem ein so persönliches), ist die eine Seite, es auch zu veröffentlichen, eine ganz andere.

Meine Ideen begannen erst dann zu sprudeln, als ich mich fragte: Warum fängst du nicht einfach mal an? Du brauchst ja erst am Ende entscheiden, ob du es auch veröffentlichen willst.

Das war der entscheidende Impuls, der meinen Fuß von der Bremse genommen hat. Danach lief alles wie von selbst. Ich brauchte zwar mehrere Anläufe, um einen passenden Verlag zu finden, doch der Anfang war gemacht.

Wenn ich als Kind in Bücher vertieft war, versank die Welt um mich herum. Deshalb holte mich ein Satz meiner Eltern jedes Mal unsanft aus meiner Traumwelt heraus.

„Hör auf zu lesen und erheb dich endlich mal!", lautete er. Nichts hasste ich mehr als diese Worte. Sie bedeuteten nichts anderes für mich, als dass das Lesen und damit das, was ich so leidenschaftlich gern tat, etwas Schlechtes und Unproduktives und ich faul sei.

Prompt fühlte ich mich schuldig, wenn ich nicht sofort dergleichen tat.

Damals wusste ich nicht, dass diese Aufforderung meiner Eltern in mir einen stressigen Gedanken hervorrief. Er lautete: „Ich kann mich nicht erheben."

Mit diesem Gedanken klebte ich förmlich auf meinem Stuhl und konnte mich wirklich nur mit großer Mühe vom Lesen losreißen.

Doch ist das wahr, gelingt es mir wirklich nur mit größter Mühe, mich von meinem Stuhl zu erheben?

Gibt es nichts, was mich wie elektrisiert von ihm erheben lässt?

Das gibt es, und zwar ist es ein einziger Begriff, er lautet „Langeweile".

Wie kann dieser destruktive Begriff solch eine Dynamik in mir entfalten, die mich spontan erheben lässt? Wie ist so etwas möglich?

Es ist möglich, denn Langeweile trägt ein enorm schöpferisches Potenzial in sich, denn nichts ist für den menschlichen Verstand unerträglicher als Langeweile. Aus diesem Grund ist er bereit, alles dafür zu tun, um diesen Zustand zu beenden.

Doch dazu ist es nötig, mir einzugestehen, dass mir langweilig ist, und ich diesen Zustand nicht sofort mit irgendwelchen Aktivitäten beende. Ich betone, irgendwelche.

Damit meine ich irgendetwas tun, nur um nicht eingestehen zu müssen, dass mein Leben (zum Beispiel als Rentner) langweilig und sinnlos geworden ist. Dies kann sich zunächst alles andere als gut anfühlen, doch in bewusst erlebter und in mir zugelassener Langeweile offenbart sich mir etwas ganz Neues, viel Spannenderes.

Denn das Gegenteil von Langeweile ist Kurzweil und nur, wenn ich auch Langeweile in mir akzeptiere, gelange ich zum

Gegenstück, der Kurzweil. Damit verwandelt sich meine Trägheit, meine Antriebslosigkeit in einen Katalysator, der alle destruktiven Gedanken herausfiltert, mich in Bewegung bringt und mich wie elektrisiert erheben lässt.

Angetrieben werde ich somit von der Umkehrung der Langeweile zur Kurzweil, denn „ich kann mich erheben" und brauche nicht länger die Aufforderung anderer dazu. Ich schaffe dies aus eigener Kraft.

Dann muss ich auch nicht aufhören mit Lesen und kann mich trotzdem erheben.

Wie soll das gehen, lesen und gleichzeitig erheben?

Es geht, denn um mich zu erheben, muss ich nicht mit Lesen aufhören, im Gegenteil, das „Lesen" meiner eigenen Lebensgeschichte lässt mich endlich munter in Bewegung bringen. Dazu muss mich keiner mehr auffordern, denn dies ist ein äußerst spannendes Buch, von dem ich mich nicht mehr losreißen kann und auch nicht mehr muss.

In diesem Buch erfahre ich alles über mich und was es braucht, um ein kurzweiliges, glückliches Leben zu führen.

Denn dafür gibt es noch eine Wahrheit, sie lautet: „Mein altes Denken kann sich nicht erheben." Mein altes Denken ist viel zu träge, um sich zu erheben, um seine eingefahrenen Bahnen zu verlassen. Deshalb meidet es Veränderungen, wo es nur kann. Es macht es sich lieber mit seinen einmal gefassten Überzeugungen bequem und dreht sich damit jedoch nur im Kreis. Es glaubt, dass es sich bewegt, doch in Wahrheit tritt es nur auf der Stelle und kommt nicht vorwärts.

Damit hat es mich so sehr im Griff, dass ich anfange zu glauben, ich wäre so träge.

Doch das ist eine Lüge, denn in Wahrheit bin ich sehr kreativ, verfüge über viele Erfahrungen und Erkenntnisse und damit über ein unerschöpfliches Potenzial, mit dem ich einfach alles erreichen kann, was ich mir von Herzen wünsche.

„Ich muss mehr sparen“, sage ich mir, wenn ich die Wasser-, Gas- oder Stromrechnung bekomme. Für mich ist sie immer zu hoch und wir müssen oftmals nachzahlen, was in mir natürlich keine große Freude auslöst. Eher die Überlegung, wo kann ich noch mehr sparen, um unsere Kosten zu senken.

Doch erreiche ich mit noch mehr Sparen mein Ziel, weniger zu bezahlen?

Ich habe eher den Eindruck, je mehr ich spare, umso mehr muss ich bezahlen.

Woran liegt das, mache ich da irgendetwas falsch?

Soll ich etwa verschwenderischer mit unserer kostbaren Energie umgehen?

Genau das muss ich tun, wenn ich etwas zurückbekommen will.

Wie jedoch soll das funktionieren, großzügiger sein und gleichzeitig etwas zurückbekommen?

Überall wird doch vom Energiesparen gesprochen, ist das etwa falsch?

Ist es nicht, was die Reserven unserer Erde anbelangt.

Doch bei allem, was unsere persönliche Energie anbelangt, dürfen und müssen wir so verschwenderisch wie möglich sein, denn sie ist eine nie versiegende Quelle, die es danach drängt zu fließen.

„Ich darf verschwenderisch sein“, ist die Wahrheit und lässt mich gelassen auch einer eventuellen Nachzahlung entgegensehen. Denn was ich einmal verbraucht habe, muss ich auch bezahlen, da beißt die Maus keinen Faden ab.

Diese nie versiegende Quelle, die ich meine, wird aus unserem Inneren, unserem Herzen selbst gespeist, sie ist der wahre Ursprung unseres Reichtums.

Durch sie ist es mir möglich, verschwenderisch zu sein und gleichzeitig etwas zurückzubekommen.

Auch der neue Gedanke „Ich muss nicht mehr sparen“ ermöglicht mir, großzügiger zu sein, zu mir selbst und zu anderen. Er bedeutet ebenso, dass ich nichts mehr für mich zurückbehalten, sondern mein neues Wissen mit anderen teilen will.

Auch auf die Gefahr hin, dass dies in erster Linie nur als Eigennutz ausgelegt werden könnte.

Meine falsche Bescheidenheit hat mich jedenfalls nur dazu gebracht, immer sparsam zu sein und trotzdem noch nachzahlen zu müssen.

Aus diesem Grund wähle ich einen anderen Weg, für den ich niemand anderem als mir selbst gegenüber Rechenschaft schuldig bin. Nicht einer muss mir folgen, doch jeder darf es.

Als ich meinen Mann kennenlernte und wir uns am Abend zum ersten Mal verabredeten, gab ich ihm eine Ohrfeige, als er versuchte, mich zu küssen.

Lange Zeit war mir schleierhaft, warum ich so reagierte, denn schließlich wollte ich es doch ebenso. Es war meine Hand, die einfach „ausrutschte", wie man so sagt, denn bewusst wollte ich es nicht.

„Das sollte etwas bedeuten, damit wolltest du dich doch nur wichtigtun", so oder ähnlich lautete das Zwiegespräch mit mir, wenn ich irgendwann mal daran dachte.

War das wirklich die Ursache oder gab es da noch einen anderen Grund?

Jetzt im Nachhinein kann ich den Grund erkennen, und zwar: „Das Glück steht vor mir und ich gebe ihm eine Ohrfeige."

Es war mein Lebensmotto all die Jahre, das mich so reagieren ließ!

Wie oft habe ich mein Glück schon geohrfeigt, ohne dass mir dies in irgendeiner Weise bewusst war. Ich holte jedes Mal aus, um es wieder zu vertreiben, doch mein Mann ließ sich nicht vertreiben, er blieb bei mir.

Nun verstehe ich auch, weshalb ich in den kurzen Momenten des Glücks, die es immerhin auch in meinem Leben gab, urplötzlich vom Himmel in die Hölle zurückbefördert wurde.

Denn das Glück will sich niemandem aufzwingen, erst recht nicht, wenn es geohrfeigt wird.

Weshalb mein Mann sich trotzdem nicht zurückweisen ließ, wird für mich wohl ein Mysterium bleiben. Jeder andere Mann hätte dies sicherlich getan.

Vielleicht, weil ich in diesem Moment authentisch war, weil ich so reagierte, wie ich in meinem Inneren fühlte.

Ich kann es mir jedenfalls nicht erklären, will es auch nicht mehr wissen.

Wichtig ist nur eines: Das alles habe ich noch rechtzeitig erkannt und ich muss meinem Glück, wenn es an meine Tür klopft, nicht länger den Zutritt verwehren.

„Das Glück steht vor mir und ich gebe ihm keine Ohrfeige" – mit dieser Umkehrung lasse ich es nicht länger draußen stehen und heiße es in meinem Leben willkommen.

„Sie haben das Recht, die Aussage zu verweigern." Diesen Satz hört jeder Angeklagte, der sich vor Gericht verantworten muss. Damit soll keiner gezwungen werden, sich selbst zu belasten.

Eine sehr menschliche Geste, könnte man meinen.

Ist sie auch. Doch befolgen wir sie auch selbst?

Oder ist es eher so, dass wir uns belasten, wo es nur geht?

Wir eher dafür plädieren, schuldig zu sein, schuldig in allen Anklagepunkten?

Ich glaube schon, dass wir dies tun, ohne dass es uns bewusst ist. „Ich muss die Aussage verweigern", das bedeutet, dass ich mich selbst zum Schweigen verurteilt habe.

Vor mir selbst dulde ich keinerlei Rechtfertigung, schließlich habe ich Schuld auf mich geladen und muss dafür verurteilt werden, ohne eine Anhörung. Punkt!

„Ich darf eine Aussage machen" und dieses Recht nehme ich mir auch, denn damit kann ich mich selbst entlasten, muss nicht länger von meiner Schuld überzeugt sein.

Meine „Schuld“ besteht lediglich darin, dass ich meinen stressigen Gedanken folgte und ihnen die Führung in meinem Leben überließ.

Betrachte ich jeden Menschen, der sich vor Gericht verantworten muss, in diesem neuen Licht, kann ich meine und auch seine Unschuld erkennen und muss meine Schuld nicht länger auf ihn projizieren.

Ist er mit dem geltenden Recht in Konflikt geraten, so muss er mit einer Strafe des Gerichtes rechnen und damit mit seiner Verurteilung.

Doch vor Gott ist er unschuldig, deshalb verurteile ich ihn nicht länger und stelle mich damit nicht länger über Gott.

„Ich habe das Recht, meine Aussage zu machen.“ Das bedeutet, dass ich mit meiner Aussage zu meinem Recht komme, meine Wahrheit und mich selbst zu erkennen.

Ebenso folge ich nicht länger dem stressigen Gedanken „Ich muss mich verteidigen“, sondern nehme mir das Recht. Das heißt: „Ich darf mich verteidigen.“

Dies bedeutet, dass ich mich nicht verteidigen muss, sondern lediglich von meinem Recht zur Verteidigung Gebrauch mache, um meine Wahrheit ohne Ansehen der Person zu finden.

Aus diesem Grund folge ich einem weiteren neuen Gedanken. Er lautet: „Ich habe das Recht, glücklich zu sein“ – und nichts anderes.

Liebe und Harmonie in der Familie sind das Wichtigste in meinem Leben, dieser Wunsch stand ganz oben auf meiner Liste.

Doch ist das wirklich die Wahrheit? Kann es sein, dass sich hinter diesem Wunsch noch etwas ganz anderes verbarg?

Es ist so, hinter diesem Wunsch verbarg sich ein Kindheitstraum von mir.

Ich träumte davon, dass ich einmal allein auf einer Bühne stehe und die Hauptrolle in einem Stück spiele und alle klatschen mir vor Begeisterung Beifall.

In meinem Traum stellte ich mir vor, wie ich förmlich über die Bühne schwebte, mühelos und leicht wie eine Feder tanzte.

Dieser Traum war mir zunächst ziemlich suspekt, denn schon allein die Vorstellung, auf einer Bühne zu stehen und womöglich vor vielen Leuten sprechen zu müssen, erzeugte in mir regelrecht Panik. Ich kann weder singen, noch besonders gut tanzen, ganz zu schweigen davon, dass ich gut schauspielern kann.

Wie kann dies also ein Herzenswunsch von mir sein?

Ist es aber, doch in einem anderen Zusammenhang, als ich zunächst glaubte.

Der stressige Gedanke, der in mir diese Panik vor öffentlichen Auftritten erzeugte, lautete: „Ich blamiere mich." Er sorgte dafür, dass ich Angst davor hatte, als schlechte Schauspielerin vom Publikum ausgelacht und ausgepfiffen zu werden.

Doch ist das die Wahrheit, muss ich mich wirklich blamieren, weil ich nichts kann?

Muss ich wirklich Angst davor haben, ausgelacht zu werden? Spiele ich höchstens mal eine unbedeutende Nebenrolle oder bin ich vielleicht nur eine Komparsin auf der Bühne meines Lebens?

Ich glaube nicht, dass ich das bin, denn ich bin viel mehr. Ich bin die Hauptdarstellerin im Spiel meines Lebens, denn „ich lebe mich", weil es die Wahrheit ist.

Wer kann sie besser besetzen als ich, wer kann diese „Rolle" authentisch rüberbringen, wenn nicht ich?

Dies schafft der beste Schauspieler nicht, nicht der beste Regisseur.

Denn es ist mein Leben und es ist einmalig und nicht zu kopieren.

Aus diesem Grund weiß ich jetzt auch, dass der stressige Gedanke: „Andere spielen in meinem Leben die Hauptrolle", eine Lüge ist, denn die Umkehrung lautet: „Ich spiele in meinem Leben die Hauptrolle."

Ich weiß, das klingt sehr eigennützig und selbstverliebt und ist doch die Wahrheit.

„Wie kann man so egoistisch sein und zuerst an sich denken?" Dieser stressige Gedanke lässt auch mich daran zweifeln, schließlich glaubte ich, dass meine Familie – mein Mann, meine Kinder, meine Enkel – das Wichtigste in meinem Leben ist.

Dies soll jedoch nicht bedeuten, dass meine Familie mir gleichgültig ist. Sie ist mir sehr, sehr wichtig.

Doch noch wichtiger ist es, eine neue Art von Verbundenheit mit ihr zu leben, die eben nicht darin besteht, mich für sie aufzuopfern und damit meine Wünsche und Bedürfnisse ganz hintan zu stellen. Sondern darin, meinen eigenen Weg zu gehen. Erst damit kann ich sie auch wirklich loslassen und sie ermutigen, ebenso ihren eigenen Weg zu erkennen.

Deshalb ist die Wahrheit, dass ich es nicht nur kann, sondern: „Ich muss so egoistisch sein und zuerst an mich denken." Das bedeutet, dass ich nur so mein ganzes Potenzial leben und es auch nur so in die Welt bringen kann.

Falsche Scham oder Bescheidenheit hat noch nie einem Menschen geholfen. Im Gegenteil, damit werden sie gezwungen, sich in ihr Schneckenhaus zurückzuziehen im falschen Glauben, auf diese Art ein wertvoller Mensch zu sein.

Ich weiß, dass es sehr provokant ist, worüber ich hier schreibe, doch im eigenen Leben die Hauptrolle zu übernehmen, befreit die Menschen aus ihrer Jahrhunderte währenden Knechtschaft. Durch sie können sie erst erkennen, wie machtvoll jeder Mensch in Wirklichkeit ist, wenn er sich wieder aufrichten kann und für niemanden mehr den Rücken krumm machen muss, geschweige denn, ein Sklave für irgendjemanden zu sein.

„Ich darf so egoistisch sein und zuerst an mich denken", und zwar in erster Linie für meine Wünsche und Bedürfnisse einzustehen und andere damit einladen, ohne Schuldgefühle es mir gleichzutun.

Aus dem einfachen Grund, weil ich sie nicht länger für ihren „Egoismus" verurteilen muss.

Kindheitsträume werden oft belächelt, doch hinter ihnen verbirgt sich ein unglaublicher Schatz, sobald wir ihnen nachspüren und sie nicht länger als Spinnerei abtun.

Denn sie eröffnen uns eine Welt, in der nichts mehr unmöglich ist und sogar Märchen wahr werden können.

Und wahr ist: Ich wurde wachgeküsst von meinem eigenen Leben.

„Überleg dir, was du sagst", waren die zornigen Worte meiner Eltern, wenn ich mal wütend war und mit meinen Äußerungen ihnen gegenüber über die Stränge geschlagen hatte.

Diese Aufforderung jedoch bewirkte das ganze Gegenteil, ich wurde noch wütender.

Wenn ich mir erst überlegen soll, was ich zu sagen habe, dann ist es meistens schon zu spät.

Ich war in diesem Moment wütend und nicht erst später.

Daraufhin verfestigte sich in mir der Gedanke: „Ich muss mir erst überlegen, was ich sage."

Das bedeutete ebenso, dass ich meine Gefühle nicht herauslassen durfte, sondern sie im Zaum halten sollte.

Erst denken und dann fühlen, diese Reihenfolge sollte ich laut meiner Eltern einhalten.

Doch ist das auch wahr, darf ich niemals spontan meine Gefühle herauslassen?

Mache ich etwas falsch, wenn ich es trotzdem tue?

Ich glaube nicht, dass dies falsch ist, denn die Umkehrung lautet: „Ich muss erst fühlen, was ich sage." Denn tue ich es nicht, schneide ich mich von allen meinen Gefühlen ab, den schlechten als auch den guten, und verinnerliche mir: „Gefühle sind etwas Schlechtes."

Doch mit der Umkehrung erfahre ich die Wahrheit. „Gefühle sind etwas Gutes", und zwar nicht nur die guten. Vor allem hinter schmerzlichen Gefühlen, die wir ganz tief in uns versenkt haben, verbirgt sich ein wahrer Schatz.

Bewusst erlebter Schmerz führt uns zu dem Gedanken, der ihn ausgelöst hat, und befreit uns von ihm. Dies kann kein noch so überlegtes Wort und somit ist wahr, dass „ich nicht erst überlegen muss, was ich sage".

Damit ist ebenso wahr, dass „ich meine Gefühle nicht im Zaum halten muss", sondern jedes Gefühl, das in mir aufsteigt, willkommen heißen darf.

Auch meine Wut, denn hinter ihr verbirgt sich eine große Kraft. Vorausgesetzt, ich nehme sie an und hinterfrage nach einem unkontrollierten Wutanfall: Was will mir meine Wut (oder die meines Partners) sagen? Denn ein Wutanfall bezieht sich niemals auf eine aktuelle Situation. Der andere ist lediglich mein Prellbock, an dem meine Wut quasi abprallt, damit sie wieder zu mir zurückkehren kann. Es ist ein altes Gefühl, das ich manchmal über Jahre hinweg in mir unter Verschluss hielt, weil mir ja schließlich schon als Kind eingebläut wurde, mit unkontrollierten Wutanfällen komme man nicht weit.

„Ich darf niemals wütend sein." Auch dieser stressige Gedanke verfestigte sich in mir und kostete mich unglaubliche Kraft, ihn im Zaum zu halten.

Doch anders mein Mann, er explodierte bei jeder Kleinigkeit. Sobald ihm irgendetwas nicht passte, ließ er es an mir und den Kindern aus. Je mehr ich versuchte, gelassen mit seinen Wutausbrüchen umzugehen, umso wütender wurde er.

Heute weiß ich, dass er nicht anders reagieren konnte. Er zeigte mir all meine Wut, die ich nie wahrhaben wollte, weil ich mir selbst verboten hatte, auch einmal wütend zu sein.

„Ich darf auch mal wütend sein" – mit diesem neuen Gedanken nehme ich jeden Druck aus mir heraus und bin dann auch imstande, im Außen zu sagen, was ich zu sagen habe.

Gelassener und auf den Punkt genau, denn ein blinder Wüterich wird nie für voll genommen. Er erreicht damit das ganze Gegenteil von dem, was er will, nämlich für voll genommen zu werden.

Leichter gesagt, als getan, wird vielleicht so manch einer einwerfen, vor allem dann, wenn die Wut uns urplötzlich überfällt. Ich gebe zu, dass mir dies auch sehr schwerfiel, doch ich habe keine andere Wahl, wenn ich meine Wut besiegen und mich nicht länger von ihr beherrschen lassen will.

Ja, ich darf auf jemanden oder auf etwas wütend sein. Doch was ich nicht darf, ist, meine Wut bewusst an anderen auszulassen. Denn damit erreiche ich nicht den Menschen, sondern nur seine Wut mit dem Ergebnis, dass sich nicht zwei Menschen, sondern zwei Wüteriche gegenüberstehen. Sie sehen nur eine Möglichkeit, um Dampf abzulassen, nämlich dem stressigen Gedanken zu folgen: „Ich muss meine Wut am anderen auslassen."

Eine Lüge, denn die Wahrheit ist: Ich darf meine Wut herauslassen, aber nicht an einem anderen auslassen. Das ist der feine Unterschied, der mich und meine Beziehungen zum Blühen bringt.

Damit erlaube ich mir auch, mich wieder so zu zeigen, wie ich im Moment fühle, und muss nicht länger alles einer Zensur unterwerfen, bevor ich es nach außen bringe.

„Ja, ich bin wütend", sagte ich einmal aus Spaß zu meinem Enkel. Als ich dabei blieb, starrte er mich ungläubig an und rief: „Das ist ja cool, Oma kann auch mal wütend sein!"

Ich fand sehr witzig, wie das aus ihm herausgeschossen kam. Unkontrolliert und doch auf den Punkt gebracht machte er mich auf etwas aufmerksam, was ich lange Zeit in mir nicht wahrhaben wollte, nämlich auch mal wütend sein zu dürfen.

Wenn ich als Kind in Konflikte mit meinen Spielgefährten geriet und meiner Mutter davon erzählen wollte, antwortete sie mir nur mit einem einzigen Satz: „Geh nicht wieder hin."

Damit wollte sie mir wohl klarmachen, dass ich ebenso einen Anteil daran hatte und mich nicht über andere beschweren sollte. Sicherlich gut gemeint, doch bei mir kam nur rüber: „Selber schuld, wieso gehe ich da auch hin?"

Diese falsche Auslegung meinerseits hatte natürlich Konsequenzen für mich.

Damit lernte ich nicht, wie man Konflikte friedlich austragen kann, sondern nur, ihnen besser aus dem Wege zu gehen. Dies ging schließlich so weit, dass ich kaum noch Freunde hatte. Mein stressiger Glaubenssatz verhinderte dies.

Meiner Mutter war nicht bewusst, was sie damit anrichtete. Dies macht mir jedoch umso mehr deutlich, wie wichtig es ist, seinem Kind genauestens zu erklären, worum es eigentlich geht.

Es geht eben nicht darum, nicht mehr hinzugehen, sondern darum, auf friedlichem Wege seine Meinung zu positionieren und auch die Meinung eines anderen zu respektieren.

Ebenso wenig bedeutet dies, seinen Kindern, ohne zu wissen, was geschah, recht zu geben und sie als Opfer zu betrachten, denen Unrecht widerfuhr.

„Geh wieder hin und kläre es", das ist die Wahrheit. Damit weiß ein Kind genau, was es tun kann, und lernt, Konflikte friedlich auszutragen. Und zwar allein, ohne die Mutter.

Ich betone „allein", weil ich weiß, dass man in der heutigen Zeit mehr dazu tendiert, den Kindern alles abzunehmen (was ich selbst viele Jahre tat).

Ermuntere ich sie aber, Konflikte selbstständig zu lösen, gebe ich ihnen damit ein wertvolles Instrument in die Hand, mit dem sie weitaus besser im Leben zurechtkommen als nach dem Motto: Was wurde meinem armen Kind nur angetan?

Natürlich hat dies auch Grenzen, zum Beispiel, wenn einem Kind Gewalt widerfährt. Da ist es meine Pflicht, dies zu klären und Grenzen zu setzen.

„Alle wollen mich nur ärgern", auch diesem stressigen Glaubenssatz folgte ich seit meiner Kindheit und er bedeutete für mich, keine Freundschaften mehr zuzulassen.

Nur um mich zu ärgern, brauchte ich sie nicht, folgte jedoch damit einer großen Lüge, denn die Wahrheit ist: „Alle wollen mit mir Spaß haben."

Ich glaube, diesen stressigen Gedanken tragen noch viele Menschen seit ihrer Kindheit in sich. Ganz automatisch meldet er sich wieder, sobald sie in Konflikt mit einem anderen geraten. Natürlich unbewusst, weil sie ihn noch nicht als Lüge erkannt haben.

„Alle wollen mich nur herausfordern" – ist noch eine Umkehrung und bedeutet, dass ich herausgefordert werde, meine falschen Überzeugungen zu überprüfen und loszulassen.

Nun wird mir auch klar, weshalb ich so extrem unter dem Streit meiner Eltern gelitten habe. Ich hatte nie gelernt, dass Auseinandersetzungen auch etwas Gutes bewirken können. Ich empfand sie als Bedrohung, dass meine Familie durch Streit immer weiter auseinanderbrechen könnte.

Ebenso empfand ich diesen tiefen Hass zwischen meinen Eltern als extrem bedrohlich. Schließlich kennt kein Kind das Gegenteil von Hass – es ist Liebe.

Diese neue Erkenntnis erschüttert mich zutiefst. Demnach haben meine Eltern sich nicht wirklich gehasst, sondern geliebt!

Auch ihre Liebe war unter einem riesigen Berg stressiger Gedanken und Glaubenssätze verschüttet. Jetzt verstehe ich auch, warum sie zusammengeblieben sind, es war nicht nur wegen uns Kindern. Denn kein Paar bleibt nur wegen der Kinder zusammen, wenn nicht noch ein Funken Liebe da ist. Es hätte nur eines gebraucht, um den Funken der Liebe wieder zum Aufflackern zu bringen, und dieses eine ist die Wahrheit.

Eine Beziehung ist erst dann zu Ende, wenn man nur noch Verachtung füreinander übrig hat. Das bedeutet, man hat sich nichts mehr zu sagen.

Verachtung ist schlimmer als Hass, denn bei diesem man nimmt den anderen trotz oder gerade wegen seiner Hassgefühle immerhin noch wahr.

Von einem anderen Menschen nicht wahrgenommen zu werden, also „Luft" für ihn zu sein, ist die schlimmste Erfahrung, die ein Mensch machen kann.

Schließlich ist kein Mensch nur Luft, sondern ein Lebewesen, das gesehen und angenommen werden will.

Deshalb ist es so unglaublich wichtig, eine Beziehung nicht aus dem Grund zu beenden, dass man sich nichts mehr zu sagen hat. Denn die Wahrheit ist, man hat sich immer etwas zu sagen. Und sei es das ehrliche Eingeständnis, dass keine Liebe mehr da ist.

Alles, was schmerzt, sind Lügen und nicht die Wahrheit.

Jeder scheut sich davor, einem Menschen, den man einmal geliebt hat, die unverblümte Wahrheit zu sagen. Ja, sie ist oftmals hart, doch sie ist das einzig Wahrhaftige und erst sie ermöglicht einen Neuanfang. Alles kann sich klären.

Dann kann man eine Beziehung beenden und trotzdem verbunden bleiben, durch die Wahrheit und nicht durch Lügen.

Demnach würde ja bedeuten, dass Hass nicht das Ende, sondern der Anfang der Liebe ist?

War deshalb alles in meinem Leben eine Täuschung, eine sehr schmerzliche Illusion?

Gab es niemanden, der mir die Augen öffnete und mir sagte, dass ich mir das alles nur einbilde?

Keiner, der mich an die Hand nahm und mir alles erklärte?

Auf diese Fragen gibt es nur eine Antwort, sie lautet, diesen jemand gibt es und der bin ich. Dieser jemand hat es wieder und wieder versucht, doch ich habe mich von seiner Hand losgerissen, wollte alles allein schaffen.

Ich musste erst ganz unten ankommen, damit mir endlich bewusst wurde, dass ich Hilfe brauchte, eine Hand, die mir half, wieder aufzustehen.

Das musste ich erst einmal verdauen. Diese helfende Hand hatte ich jahrelang von mir gestoßen, wollte keine Hilfe annehmen, folgte lieber meinen stressigen Gedanken, die mir einredeten, meine Eltern hätten sich und mich nie geliebt und ich sei ein Kind des Hasses.

Eine Lüge, der ich folgte, denn die Wahrheit ist, sie haben sich geliebt und sie haben auch uns Kinder geliebt.

Fast mein ganzes Leben eine einzige Lüge?

Soll mein ganzes Leben wirklich nur eine Farce gewesen sein?

Alles umsonst?

Nein, ist es nicht, denn ich bin ein Kind der Liebe und nicht ein Kind des Hasses.

Diese neue Erkenntnis wiegt alles wieder auf, verbrennt jede Lüge, alles Unechte in mir.

Sie verbrennt alle schmerzlichen Illusionen und lässt mich auf dem Boden der Tatsachen ankommen.

Und diese Tatsache ist die Wirklichkeit, das, was jeden Tag in meinem Leben passiert.

Und das nennt man das Wunder des Lebens.

Diese Wahrheit erst jetzt zu erfahren, ist sehr bitter, doch es trägt auch etwas sehr Heilsames in sich.

Ich habe mich selbst wiedergefunden, darf meine Erfahrungen mit anderen teilen und vielleicht dafür sorgen, dass ein jeder diese wundervollen Erfahrungen machen kann.

Deshalb war nichts umsonst.

Denn wir sind nicht nur durch das World Wide Web miteinander verbunden, sondern hauptsächlich durch unsere zwischenmenschlichen Beziehungen.

Wir sind jedoch nicht mit Worten, sondern mit dem, was wir tief in uns für die Wahrheit halten, verbunden.

Habe ich alle Lügen in mir verbrannt, bleibt nur noch Liebe übrig und sie ist das, was uns Menschen wahrhaftig verbindet.

„Seit die Kinder aus dem Haus sind, hat mein Leben seinen Sinn verloren." Dies wollte ich lange Zeit nicht wahrhaben und doch war es so.

Mein Sohn wird dieses Jahr 43 und meine Tochter 39, ich habe zwei Enkel im Alter von bald 15 und 10 Jahren. Eigentlich müsste man meinen, dass sie so langsam aus dem Gröbsten heraus seien. Sind sie auch schon lange, doch noch immer in mir drin als die kleinen Kinder, die sie einmal waren.

Wie soll so etwas möglich sein?, frage ich mich. Sie meistern ihr Leben ganz ohne mich, habe ich also irgendeine Entwicklungsstufe bei ihnen verpasst?

Wollte ich vielleicht nicht wahrhaben, dass sie schon lange erwachsen sind?

Behandele ich sie vielleicht immer noch wie kleine Kinder, die die Unterstützung ihrer Mutter brauchen?

Wenn ich ganz ehrlich sein soll, dann ist es so. In mir steckt nämlich noch ein weiterer stressiger Gedanke. Er lautet: „Ich muss mich bei meinen Kindern unentbehrlich machen."

Nun wird mir so einiges klar. Mit diesen Gedanken konnten meine Kinder in mir nicht erwachsen werden, weil ich sie nicht wirklich loslassen konnte und auch nicht wollte.

Ich brauchte dieses Gefühl, von ihnen gebraucht zu werden, ihnen jederzeit zur Verfügung zu stehen, so, wie ich es tat, als sie noch klein waren.

„Seit meine Kinder aus dem Haus sind, hat mein Leben einen neuen Sinn bekommen", lautet die Umkehrung und ist auch die Wahrheit. Und dieser Sinn besteht nun einmal darin, sie nicht nur im Außen gehen zu lassen, sondern auch in mir drin. Wie mit unsichtbaren Fäden zog ich sie mit meinen stressigen Gedanken immer wieder zu mir zurück.

Damit konnte ich sie nie wirklich loslassen.

Auch der neue Gedanke: „Ich darf mich bei meinen Kindern entbehrlich machen", ist die Wahrheit und bedeutet, dass ich mich damit vollständig aus ihren Angelegenheiten heraushalten kann. Schließlich sind sie ja erwachsene Menschen und können gut für sich selbst sorgen, was sie ja schon seit Jahren erfolgreich tun.

„Mein Sinn hat wieder neues Leben bekommen" – klingt etwas verworren, doch ist ebenso die Wahrheit. Es bedeutet, dass mein Lebenssinn wieder mit neuem Leben erfüllt wird und ich nicht länger damit beschäftigt bin, mich um meine erwachsenen Kinder zu kümmern, sondern um mich selbst.

„Ich mache mich bei meinen Kindern entbehrlich." Dies gelingt mir, weil ich endlich die Fäden abschneide, mit denen ich sie nie loslassen konnte.

Damit gebe ich ihnen die Möglichkeit, freiwillig, ohne Druck oder Gezerre, jederzeit zu mir zu kommen, und ist somit das, was ich auch will.

In meinem ersten Buch hatte ich schon darüber geschrieben, dass unsere Tochter viel zu früh zur Welt kam und wir uns große Sorgen machten, ob sie es schaffen würde.

Sie schaffte es. Doch im ersten Jahr war ich mit ihr ständiger „Gast" in der Kinderklinik. Sie musste auch später noch viele Untersuchungen, Behandlungen und Operationen über sich ergehen lassen.

Ich kann mich noch daran erinnern, meine Tochter war etwa ein Jahr alt, als mir eine Ärztin nach einer Untersuchung mitteilte, ich müsse bei ihr mit einer geistigen Behinderung rechnen.

Mir zog es den Boden unter den Füßen weg, denn für mich war sie ein vollkommen normales, aufgewecktes Kind.

Nein, nicht auch noch meine Tochter, war mein erster Gedanke. Schließlich hatte ich schon einen geistig behinderten Bruder und wusste, was dies bedeutete. Es hieß damals für mich, lebenslang auf Hilfe angewiesen zu sein.

Ein stressiger Gedanke schoss mir dabei durch den Kopf, er lautete: „Das darf einfach nicht wahr sein." Voller Hilflosigkeit und Ohnmacht stemmte ich mich gegen die Vorstellung, eine geistig behinderte Tochter zu haben. Doch je mehr ich dies tat, umso größer wurde meine Angst.

Ebenso spürte ich jedoch, dass ich mein Schicksal annehmen musste, ob ich wollte oder nicht.

Heute weiß ich, dass dies das Beste war, was ich für mein Kind und mich selbst tun konnte.

Damals wusste ich noch nichts von Gedanken oder von negativen Prophezeiungen, durch die ich erst meine Wirklichkeit manifestiere.

Aus irgendeinem Grund folgte ich den Befürchtungen dieser Ärztin nicht länger, vielleicht weil ich sie einfach ignorierte und darauf vertraute, dass mein Kind sich vollkommen normal entwickeln würde.

Unbewusst machte ich zu diesem Zeitpunkt eine erste Umkehrung und sie lautete: „Es darf einfach wahr sein." Damit erlaubte ich der Wahrheit, in mein Leben und in das meines Kindes einzutreten. Ich folgte meinem Herzen anstatt meinen stressigen Gedanken und erlaubte somit meinem Kind, das zu sein, was es wirklich war, ein vollkommen normales Kind.

Ja, sie hatte eine Sprachstörung, war mit drei Jahren noch nicht imstande, einen zusammenhängenden Satz zu sprechen. Für mich jedoch war das keine Behinderung. Ich glaubte stattdessen, irgendwann würde ich froh darüber sein, wenn sie auch mal still wäre und ihren Mund hielte.

Und so kam es dann auch. In der Schule hatte sie von Anfang an kaum Probleme, machte ihren Realschulabschluss und arbeitet heute als Sekretärin in einem Rechenzentrum.

Trotz negativer Prophezeiungen einer Ärztin!

Wäre ich den Befürchtungen der Ärztin gefolgt, hätte ich jeden Entwicklungsschritt unserer Tochter argwöhnisch beobachtet und jede Abweichung als unnormal gewertet.

Ich bin überzeugt, dass mein Kind dadurch behindert gewesen wäre, behindert von meinen Ängsten und Befürchtungen.

Somit wäre das eingetreten, was die Ärztin befürchtet hatte: Mein Kind hätte eine geistige Behinderung davongetragen.

Das hat sie Gott sei Dank nicht, denn „es ist einfach wahr" und bedeutet, dass meine Tochter ganz normal ist und ihr Leben hervorragend eigenständig meistern kann.

Eine Frage bewegt mich jetzt. Was wäre, wenn es in Wahrheit gar keine geistig behinderten Menschen gäbe, sondern nur unsere stressigen Gedanken sie zu Behinderten machten?

Welchen Sinn machte es dann zu vermuten, dass ein Kind aufgrund seiner Vorgeschichte geistig behindert sein könnte?

Welchen Sinn machte es überhaupt, irgendwelche Vermutungen anzustellen, was vielleicht sein könnte?

Welchen Sinn ergeben also stressige Gedanken und negative Prophezeiungen?

Fragen über Fragen und nur eine Antwort: Es ergibt keinen Sinn.

Sie ergeben nur dann einen Sinn, wenn ich sie hinterfrage und sie nicht länger als gegeben hinnehme, selbst dann nicht, wenn es ein Arzt gesagt hat.

Denn auch ein Arzt kann nicht in die Zukunft schauen. Da spielen so viele Faktoren eine Rolle, die bei jedem Menschen unterschiedlich sind. Jeder Mensch hat einen anderen Glauben. Was den einen mit Angst erfüllt, gibt dem anderen erst recht neuen Auftrieb.

Viele Patienten verlangen von einem Arzt, dass er ihnen die ungeschminkte Wahrheit sagen soll.

Doch kann ein Arzt ihre Wahrheit wissen?

Kann er wissen, worunter ein Mensch in Wirklichkeit leidet?

Was seinen Körper betrifft schon, doch kennt er auch seine Psyche?

Weiß er, was in einem Menschen wirklich vorgeht?

Diese Frage kann ich nur mit „Nein" beantworten.

Was ich jedoch weiß, ist die Tatsache, dass es viele Patienten geschafft haben, trotz negativer Prognosen wieder gesund zu werden. Daraus schlussfolgere ich, dass ein Arzt mir nur das widerspiegeln kann, was meine tiefe, innere Überzeugung ist.

Bin ich fest davon überzeugt, wieder gesund werden zu können, dann prallen selbst negative Prophezeiungen an mir ab. Anders sind Wunderheilungen nicht zu erklären, die jedoch in Wirklichkeit keine Wunder, sondern ganz normal sind.

Wunder ist das, was ich mir mit meinem begrenzten Verstand nicht vorstellen kann.

Deshalb frage ich mich:

Kann ich mir Gesundheit vorstellen?

Muss irgendjemand mit Krankheiten leben?

Ist es völlig hoffnungslos, wieder gesund zu werden?

Auch diese Fragen kann ich nur mit „Nein" beantworten. Aus dem einfachen Grund, weil ich mir vorstellen kann, wie es ist, ohne meine Krankheit zu leben. Schließlich gibt es ein Davor und ein Danach und dieses Davor ist die Normalität.

Unnormal ist lediglich mein Glaube, nicht mehr gesund werden zu können.

Helfen aus diesem Dilemma kann mir nur ein neuer Gedanke, er lautet: „Mein Glaube hilft mir, gesund zu werden.“ Statt dem stressigen Gedanken zu folgen: „Aller Glaube hilft mir nichts.“

Doch erst die Umkehrung – „Mein Glaube hilft mir, heil zu werden“ – lässt mich ganzheitlich gesund werden, gesund in meinem Körper und in meiner Seele.

Meine Mutter folgte den Befürchtungen der Ärzte und wir alle hielten dies daraufhin ebenso für die Wahrheit. „Mein Kind hat bei der Geburt unter Sauerstoffmangel gelitten.“

Ja, es ist wahr, mein Bruder war der zuletzt Geborene, konnte später sitzen, später laufen, später sprechen als sein Zwillingsbruder.

Konnte es nicht sein, dass er für alles länger brauchte?

Er seinem Bruder aus diesem Grund immer den Vortritt ließ?

Doch ist man deshalb gleich behindert?

Jede Abweichung von der Norm gibt unseren Befürchtungen neuen Auftrieb und allen recht, die das vorausgesagt haben. Wie soll ein Kind in solch einer Umgebung sich ganz normal entwickeln können, in einer Umgebung voller Ängste und Befürchtungen?

Jeder noch so kleine Ansatz von Entwicklung wird damit im Keim erstickt. Das Leben dieser Eltern wird nur noch von dem Gedanken beherrscht: „Mein Kind kann das nicht.“

Doch ist das auch wahr, kann mein „geistig behindertes“ Kind das wirklich nicht?

Oder ist es nicht eher so, dass ich etwas nicht kann?

Ich glaube, dass es so ist, denn ich kann mich von dem Gedanken nicht lösen, ein geistig behindertes Kind zu haben.

Lösen kann ich mich nur von ihm, indem ich mir einen neuen Gedanken verinnerliche, und zwar: „Mein Kind kann das.“ Dies bedeutet, dass ich meinem Kind damit erlaube, seine bisher ungenutzten, verkümmerten Anteile seines Selbst wieder zu aktivieren.

Und die gibt es in jedem geistig Behinderten!

„Mein Kind wird nie ein normales Leben führen", auch mit diesem Gedanken belasten sich nicht nur die Eltern selbst, sondern auch ihre Kinder.

Doch was heißt hier „normal"?

Ist es normal, in ständiger Angst und Sorge um sein Kind zu leben?

Wollen sie wirklich, dass ihr Kind so aufwächst?

Verstehen sie das unter einem normalen Leben?

Ich glaube eher, dass es umgekehrt ist, und zwar: „Ich werde nie ein normales Leben führen."

Diese Eltern können in Wahrheit kein normales Leben führen und nicht ihre „geistig behinderten" Kinder. Ihre Sorge und ihre Klagen an das Leben – warum ich, warum muss mir das passieren? – lassen sie kein normales Leben führen und nicht ihre Kinder.

Es bedeutet ebenso, dass „mein Kind das kann", sobald ich es nicht länger mit meinen Ängsten und Befürchtungen belaste.

Auch oder gerade in einem „geistig" Behinderten liegen Fähigkeiten brach, weil sie selbst sich nicht von stressigen Gedanken beherrschen lassen. Was sie wirklich beherrscht, sind die Ängste und Befürchtungen ihrer Eltern. Menschlich gesehen verständlich, denn jeder will nur das Beste für sein Kind.

Doch ist das auch das Beste, wenn ich meinem Kind nichts zutraue, ihm alles abnehme?

Das glaube ich nicht, denn dafür gibt es eine andere Wahrheit, sie lautet: „Mein Kind kann mehr, als ich denke."

Dazu möchte ich von einer Begebenheit mit meinem (geistig behinderten?) Bruder erzählen.

Schon viele Jahre fuhr er im Sommer mit dem Zug allein zu meinem anderen Bruder, der in Mecklenburg lebte. Ich schrieb ihm immer genau auf, wo er umsteigen musste und auf welchem Bahnsteig der Zug weiterfuhr. Ich legte ihm ans Herz, mich sofort von seinem Handy aus anzurufen, sobald es Probleme gebe.

Jahrelang klappte dies mehr oder weniger reibungslos, bis voriges Jahr.

Mein Bruder kam auf der Rückreise nicht an.

Ich geriet in Panik, als er auch am nächsten Morgen nicht im Wohnheim angekommen war.

Ich informierte die Polizei und gab eine Vermisstenanzeige auf.

Was mir dabei alles durch den Kopf ging, will ich jetzt nicht weiter schildern, nur eines: „Das machst du nicht noch einmal." Diese Ängste wollte ich nicht ein zweites Mal erleben.

Ein Gedanke schoss mir dabei durch den Kopf, den ich viele Jahre verdrängt hatte: „Mit meinem Bruder wird es immer schlimmer."

Doch war das auch die Wirklichkeit, wurde es wirklich immer schlimmer mit ihm?

War dies jetzt der endgültige Beweis, dass er das allein nicht mehr schaffte?

Alles deutete darauf hin, doch war es wirklich so?

Mit der Umkehrung erfahre ich die Wahrheit, sie besagt: „Mit meinen Gedanken wird es immer schlimmer." Dies bedeutet, dass meine stressigen Gedanken immer mehr Besitz von mir ergriffen hatten. Denn ich fühlte mich schuldig, dass ich mein Versprechen den Eltern gegenüber nicht eingehalten hatte, mich gut um meinen Bruder zu kümmern, ihn stattdessen in ein Wohnheim gab.

Mein Bruder jedenfalls kam am Nachmittag des nächsten Tages an.

Er war in der Nacht im Zug von Berlin nach Jena eingeschlafen und erst erwacht, als der Zug die Endstation erreicht hatte. Die Endstation war Zürich!

Mein Bruder hatte es geschafft, ganz allein, ohne meine Hilfe, von Zürich nach Thüringen zurückzufinden, auf einer ihm völlig unbekannten Strecke. Welch eine Leistung!

Er besaß ja nicht einmal einen gültigen Fahrschein. Doch er musste weder eine Fahrkarte nachlösen, noch eine Strafgebühr bezahlen. Der Schaffner sagte ihm lediglich, er wolle noch mal ein Auge zudrücken.

Kein Zettel, von dem er ablesen konnte, wo er umsteigen musste, keine Handyverbindung mehr, um mit mir Kontakt aufzunehmen!

Jetzt im Nachhinein glaube ich, dass etwas Höheres im Spiel war, das ihn sicher wieder nach Hause geleitet hatte.

Ich jedenfalls konnte nichts mehr für ihn tun, auch übers Handy erreichte ich ihn nicht mehr.

Doch es war ein anderer, der für ihn etwas tun konnte, es war sein höheres Selbst.

Indem ich alle hektischen, angsterfüllten Aktivitäten einstellte und einfach zu Bett ging im Vertrauen darauf, dass er wieder nach Hause zurückfinden würde, konnte es die Führung übernehmen.

Für mich ein sicheres Zeichen, dass in ihm noch viel mehr steckte, als ich bisher glaubte.

Das Leben hatte mir wieder mal eine Lektion erteilt, eine schmerzhafte, aber sehr lehrreiche.

„Das mache ich noch einmal", lautet sie, und zwar, dass ich meinem Bruder in Zukunft mehr zutraue, als ich es bisher getan habe, und nicht länger glaube, dass es mit ihm immer schlimmer wird.

11. September 2001.

Dieses Datum hat sich wohl in vielen Menschen tief eingebrannt, auch in mir.

Ich sah im Fernsehen die Bilder der zwei zusammenstürzenden Hochhäuser und dachte im ersten Moment, welch schlimmer Unfall. Doch es kam noch schlimmer, es war kein Unfall, es war Absicht.

Das konnte mein Verstand zunächst nicht verarbeiten.

Flugzeuge in der Gewalt von Menschen wurden in Gebäude gesteuert, um in voller Absicht Tausende von Menschen zu töten?

War die Welt jetzt total aus den Fugen geraten?

Gab es nirgendwo mehr Schutz, Ruhe und Frieden?

Müssen wir uns nun voller Angst total einigeln oder uns verteidigen und immer mehr aufrüsten?

Man könnte glauben, dass dies jetzt das Naheliegende wäre.

Doch ist es auch wahr?

Müssen wir uns wirklich komplett zurückziehen, den Kopf in den Sand stecken und hoffen, dass uns so nichts passiere?

Oder uns wirklich bis an die Zähne bewaffnen, um dieses unfassbar Böse zu bekämpfen?

Ich glaube, nichts von alldem müssen wir.

Weder den Kopf in den Sand stecken, noch immer mehr aufrüsten, denn die Wahrheit ist: „Wir müssen uns unserer Angst stellen."

Die Angst vor der Angst ist unser wahres Dilemma und zeigt sich in dem stressigen Gedanken: „Wir müssen unsere Angst bekämpfen."

Unsere Angst lässt sich nicht bekämpfen, denn sie ist in uns, also ein Teil von uns.

Uns hilft nur eines und das ist die Wahrheit. Eine davon lautet: „Wir müssen unsere Angst annehmen." Dies bedeutet, dass wir ihrer nicht nur gewahr werden, sondern sie auch als ein Teil von uns annehmen sollen. Dann kann uns gelingen, diesem Wahnsinn endlich ein Ende zu bereiten, denn unsere Angst will von uns gesehen und angenommen werden, damit sie uns friedlich verlassen kann.

Nur so werden wir auch erkennen, dass „wir unsere Angst loslassen können" und dadurch zu innerem und äußerem Frieden gelangen.

Dann muss auch kein Land mehr Millionen dafür ausgeben, um „Architekten des Grauens" zu bezahlen, wie ich dies unlängst einem Zeitungsbericht entnahm. Um Psychologen damit zu beauftragen, mit immer grausameren Foltermethoden Gefangene in Guantanamo zum Sprechen zu bringen.

„Architekten des Glücks" werden wir dann, wenn wir unsere Angst auf friedlichem Weg besiegt haben, und das kostet uns keinen Penny.

„Eins, zwei, drei, vier, Eckstein, alles muss versteckt sein, ich komme!" Manche Ältere kennen bestimmt noch diesen Reim eines Spieles aus Kindertagen.

Einer musste die Hand vor Augen halten und die anderen sich ein Versteck aussuchen. Wer gefunden wurde, war als Nächster dran mit Finden.

Weshalb kommt mir dieses Spiel auf einmal in den Sinn?

Soll es irgendeine Bedeutung für mich haben?

Versteckt sich auch hier eine Botschaft für mich?

Ich glaube, dass es so ist.

Und zwar, wenn ich komme, müssen sich alle vor mir verstecken, keiner will mit mir etwas zu tun haben.

Das ist doch nur ein Spiel, jedes Kind weiß das, wird vielleicht jetzt so manch einer einwerfen.

Doch war dies wirklich nur ein Spiel oder habe ich es damals für bare Münze genommen wie so vieles in meinem Leben?

Wundern würde mich jetzt nichts mehr.

„Alle flüchten, wenn ich komme", dieser stressige Gedanke verfestigte sich daraufhin in mir.

Damit folgte ich einer Lüge, denn die Wahrheit ist: „Ich flüchte, wenn alle kommen."

Das bedeutete für mich, dass ich mich immer mehr zurückzog, wenn andere zu mir kamen. Schließlich war ich ja davon überzeugt, dass keiner mehr mit mir etwas zu tun haben wollte.

Echt krass, oder? Und doch ist es die Wahrheit.

Warum tut ein Kind sich so etwas an?

Warum vertraut ein Kind solch stressige Gedanken nicht einfach seinen Eltern an?

Warum glaubt es so etwas?

Es gibt nur eine Antwort darauf. Das Kind glaubt: „So, wie ich bin, bin ich falsch.“

Fehlendes Grundvertrauen in sich selbst ist die Ursache dafür.

Alles, was ich sage oder tue, ist für mich somit falsch, könnte dazu führen, aus dem Familienverband ausgeschlossen zu werden. Dies ist die größte Angst eines Kindes, dafür nimmt es alles in Kauf und schweigt.

Aus diesem Grund ist es extrem wichtig, dass Eltern ihm dieses Grundvertrauen schenken.

Nicht nur mit einem neuen Gedanken, sondern auch verbal dem Kind sagen: „So, wie du bist, bist du richtig.“

Mit diesem Grundvertrauen ist ein Kind fürs Leben gewappnet, kann Höhen und Tiefen unbeschadet überstehen. Das kann kein Kind mit tiefer Selbstablehnung jemals schaffen.

Ich habe es doch auch geschafft, könnte jemand jetzt einwenden.

Das ist richtig, doch um welchen Preis?

Um jahrzehntelang in einer selbst erschaffenen Hölle zu leben?

Um jahrzehntelang zu glauben, man sei nichts wert, tauge zu nichts?

Ich glaube, dieser Preis ist einfach zu hoch und muss auch nicht sein, denn wir sind dabei aufzuwachen, einer nach dem anderen.

Mein Buch, so hoffe ich sehr, wird vielleicht seinen Beitrag dazu leisten.

Ebenso mit einem neuen Gedanken, er lautet: „Unser neues Denken ist richtig.“

Jeder, der diesem neuen Gedanken folgt, muss nicht länger in dieser selbst erschaffenen Hölle leben, sondern kann in einer freieren und mutigeren Version seines Selbst erwachen.

„So, wie ich bin, ist es richtig“ – auch mit dieser Umkehrung kehre ich zurück zu mir und meinen Fähigkeiten und muss nicht länger anderen Erfolgreichen dabei zusehen, wie sie an mir vorbeiziehen, sondern kann mit ihnen ziehen.

„Mir braucht keiner was erzählen, denn ich weiß Bescheid." Wer hat diese Worte nicht irgendwann schon einmal gehört. Mit diesen Worten erübrigt sich jeder Einwand, denn sie bewirken nur eines, Resignation, weil mit diesem Menschen einfach nicht mehr zu reden ist.

Welch eine Arroganz, aber auch welch große Hilflosigkeit verbirgt sich hinter diesen Worten!

Mit meinem Glauben, über alles und jeden Bescheid zu wissen, stelle ich mir in Wahrheit ein großes Armutszeugnis aus.

Diese Aussage zeugt im wahrsten Sinne des Wortes von innerer Armut.

Dabei gibt es in uns unendlich viel zu entdecken. Doch mit dieser Einstellung mache ich mir nicht einmal die Mühe, auch nur ansatzweise diesen Reichtum in mir zu erfahren.

Denn die Wahrheit ist: „Mir kann jeder was erzählen, ich weiß nicht Bescheid."

Es bedeutet, dass ich offen bin für alle Lektionen, die mir das Leben noch erteilen will.

Diese Lektionen sind in Wahrheit ein Segen für mich, denn sie zeigen alle von mir zurückgewiesenen Anteile, die ich nie wahrhaben wollte, weil sie wehtun. Doch sie sind Teile von mir, die sich nicht länger verleugnen lassen wollen.

So, wie ich es schon einmal beschrieben habe, wollen sie nur eines, von mir gesehen und angenommen werden. Es drängt sie nach außen, sie wollen nicht mehr eingesperrt sein und mich nicht länger belasten.

Dieses gewaltsame Festhalten an meinem Schmerz raubt mir jede Kraft, Kraft, die mir fehlt, um mein Leben so zu gestalten, dass es für mich erfüllend ist.

„Es wird nie wieder so sein, wie es einmal war", dies ist der stressige Gedanke, an den ich mich so klammere und damit meine Lebenskraft und Lebensfreude auf einen Tiefpunkt bringe.

„Es darf so sein, wie es noch nie war" – lautet die Umkehrung und bedeutet, dass auch nach einem großen Schicksalsschlag das Leben nicht vorbei sein muss.

Vorausgesetzt natürlich, ich klammere mich nicht mehr an stressige Gedanken und folge diesem neuen. Es ist die ganz persönliche Entscheidung eines jeden selbst.

Auch wenn der Schmerz zunächst unerträglich scheint, so verbirgt sich hinter ihm eine große Kraft. Es ist das Zurückweisen meines Schmerzes, was so wehtut, und nicht der Schmerz an sich. Bewusst und wach erfahrener Schmerz trägt eine sehr heilsame Kraft in sich, doch wie kann ich sie erfahren, wenn ich meinen Schmerz zurückweise und mich stattdessen mit Fragen quäle: Warum ich, warum muss mir das passieren?

„Es ist wieder so, wie es einmal war." Dafür habe ich mich entschieden und gehe aus diesem Grund meinen Weg weiter, den ich vor langer Zeit einmal verlassen habe.

„Das Leben hat mich aus der Bahn geworfen", auch diesem Gedanken folge ich nicht länger, stattdessen einem neuen, er lautet: „Das Leben hat mich in die Bahn zurückgebracht."

Mit diesen neuen Erkenntnissen kann ich selbst meinen Schmerz als einen Freund betrachten, der mir hilft, wach zu werden, wach für das Leben.

Meine Bereitschaft, offen dafür zu sein, nur einen winzig kleinen Anteil der Geheimnisse des Lebens zu kennen, lässt mich neugierig sein, neugierig auf alles, was mir das Leben noch zu bieten hat.

Glaube ich alles zu wissen, dann gehe ich unbewusst davon aus, dass es nicht so ist.

Welch ein armseliges, langweiliges Leben!

„Mein altes Denken kann mir nichts erzählen, denn es weiß nicht Bescheid." Das ist noch eine Wahrheit und bedeutet, dass mein altes Denken keine Chance mehr hat, mir noch irgendetwas zu erzählen, ich glaube ihm kein Wort mehr.

Doch es gibt noch eine Umkehrung, sie lautet: „Mein höheres Selbst kann mir viel erzählen, denn ich weiß nicht Bescheid." Ich gebe zu, eine etwas ungewöhnliche, doch bei näherem Betrachten kann ich ihre tiefe Wahrheit erkennen.

Damit meine ich den Teil in mir, der mit meiner inneren Weisheit verbunden ist und mir noch unendlich viel zu erzählen hat. Darauf bin ich sehr neugierig, denn er weiß wirklich Bescheid über mich, kennt alle Facetten von mir, weiß, was mir guttut und was nicht.

Er warnt mich durch meine Intuition, mein Bauchgefühl, etwas zu tun oder lieber die Finger davon zu lassen. Und vermag damit mehr als jeder kluge Gedanke.

Das soll jedoch nicht heißen, dass ich mein Denken jetzt als dumm und überflüssig bezeichnen will. Immerhin hat es mich schon ziemlich weit gebracht, nachdem ich es in die richtigen Bahnen gelenkt hatte. Es ist eher wie ein kleines Kind, das darauf wartet, an die Hand genommen und geführt zu werden.

Dann muss ich mir auch nicht länger einreden, dass ich kein kleines Kind mehr sei, sondern darf mich glücklich schätzen, das Kind in mir wieder zum Leben erweckt zu haben.

„Meine heile Welt bricht wie ein Kartenhaus zusammen." Gegen diesen Gedanken stemmte ich mich schon seit Kindertagen mit aller Gewalt. Krampfhaft versuchte ich zu retten, was zu retten war, um meine Familie nicht auseinanderbrechen zu lassen. Doch je größer meine Anstrengung war, umso mehr schien sie für mich auseinanderzufallen.

Dabei hätte dies um so viel einfacher sein können, aber aus lauter Panik heraus folgte ich noch vielen anderen stressigen Gedanken.

Zum Beispiel: „Mein Zuhause ist auf Sand gebaut" oder „Mein Zuhause hat kein richtiges Fundament". Mit diesen unbewussten stressigen Gedanken musste ja meine Welt aus den Fugen geraten und notgedrungen auseinanderfallen. Jedes Haus braucht ein stabiles Fundament, um nicht irgendwann einmal einzustürzen.

Genauso verhält es sich mit meinem inneren Zuhause. Vertrauen und Zuversicht in das Leben sind dieses stabile Fundament, mit ihm kann es selbst größten Erschütterungen standhalten.

Mit neuen Gedanken wie: „Mein Zuhause ist nicht auf Sand gebaut“ oder „Mein Zuhause hat ein richtiges Fundament“ kann ich auch nachträglich noch für dieses sichere Fundament sorgen.

Schlaue Worte, worüber ich da schreibe, doch kann es wirklich so einfach sein, nur neu zu denken und schon ändert sich mein ganzes Leben?

Brauche ich somit nur mit dem Finger zu schnippen und schon bekomme ich das, was ich mir von ganzem Herzen wünsche?

Kann Leben wirklich so einfach sein?

Ganz so einfach ist es nun auch wieder nicht, denn vor dem Genuss kommt die Arbeit.

Damit meine ich jedoch nicht körperliche, sondern geistige.

Und diese Arbeit besteht in erster Linie darin, zunächst einmal alles infrage zu stellen, was ich bisher geglaubt habe.

Das, was ich bisher geglaubt habe, soll nicht wahr sein?

Haben mich meine Eltern, die Schule, alle bisher nur belogen und betrogen?

Alles nur eine einzige Lüge?

Das kann, das darf einfach nicht wahr sein.

Doch, es ist die Wahrheit, denn all das, was in meinem Leben nicht „rund“ läuft, wo es Stress, Leid und Schmerz gibt, ist eine Lüge. Und trotzdem klammert sich mein altes Denken daran.

Auch ein Paradoxon, das wir mit dem Verstand nicht erfassen können, weil er einer falschen Fährte folgt.

Und dies ist die größte Hürde, denn mein Ego weigert sich massiv, seine Vorherrschaft über mich loszulassen. Schließlich ist es fest davon überzeugt, dass es in allem recht hat und es nur gut mit mir meint.

Nur mit Fleiß und Ausdauer kann es mir gelingen, es zu überzeugen. So, als ob man einem Kind, das Mühe mit dem Lernen hat, langsam, mit viel Liebe und Geduld Rechnen und Schreiben beibringt.

Hat es dies einmal begriffen, macht es sich mit großer Begeisterung daran, sein neues Wissen auch anzuwenden und seine eingefahrenen Gleise zu verlassen.

„Meine reale Welt setzt sich wie ein Puzzle zusammen" – mit dieser Umkehrung kann selbst ein Puzzleteil stabiler sein als jeder stressige Gedanke.

„Meine reale Welt ergibt ein Puzzlebild" und dieses Bild ist die Wirklichkeit, es ist das, was in meinem Leben täglich passiert. Jeder Gedanke, den ich für wahr halte, erschafft meine Wirklichkeit und zeigt sich im Außen in dem Bild, das ich vom Leben habe.

Es liegt somit an mir, ob ich ein wunderschönes Gemälde mit blühenden Landschaften vor mir sehe oder ein Bild in düsteren Farben, um mich zu fragen: Das soll mein Leben sein?

Aus diesem Grund folge ich noch einem neuen Gedanken, er lautet: „Meine reale Welt bricht nicht wie ein Kartenhaus zusammen", sondern setzt sich neu zusammen, weil es die Wirklichkeit ergibt.

„Das Leben ist für mich wie ein Buch mit sieben Siegeln", dachte ich oftmals, wenn in meinem Leben einfach nichts mehr rund lief und alle Welt sich gegen mich verschworen hatte.

Ich glaubte, alles gegeben zu haben, jedoch nichts zurückzubekommen.

Besonders was meine Familie anbelangte. Davon überzeugt, dass meine Liebe nicht auf Gegenliebe stieße, verzweifelte ich bald am Leben.

Besonders ein Gedanke lähmte mich in meiner Kraft und Lebensfreude, er lautete: „Meine Liebe will keiner."

Liebe soll die mächtigste Kraft sein, soll alle Grenzen überwinden, soll Menschen verbinden?

Warum funktionierte es dann nicht bei mir, war ich ein hoffnungsloser Sonderfall?

War meine Liebe nichts wert?

Das Gedankenkarussell in mir drehte und drehte sich, ohne eine Antwort auf meine Fragen zu bekommen. Stattdessen immer mehr Bestätigung dieses stressigen Gedankens.

Doch ist das auch die Wahrheit, will wirklich keiner meine Liebe?

Will keiner mit mir etwas zu tun haben?

Darauf gibt es nur eine Antwort und sie lautet: „Meine Liebe wollen alle."

Diejenige, die keine Liebe haben wollte, war ich selbst.

Ich folgte diesem stressigen Gedanken, der meine Liebe nicht nach außen brachte, sondern sie im Keim erstickte. Meine Angst davor, wieder verletzt zu werden, wenn ich mein Herz öffnete, ließ mein Herz erstarren und alle Gefühle in mir auf Eis legen.

Ich glaubte lediglich zu lieben, doch das tat ich nicht, weil ich lieber einer Lüge folgte als meinem Herzen.

„Das Leben ist kein Buch mit sieben Siegeln", sondern die Wahrheit und bedeutet, dass es für jedermann ein offenes Buch ist, das darauf wartet, gelesen zu werden. Es sind unsere Gedanken, die es versiegeln und uns daran hindern, dieses wertvolle Buch zu lesen.

Auch die Umkehrung – „Das Leben ist ein offenes Buch" – ist die Wahrheit und bedeutet, dass es dazu einlädt, von jedermann gelesen zu werden, um darin alle Weisheiten des Lebens zu erfahren.

„Reiß dich zusammen", „Beiß dir lieber auf die Lippen, bevor du etwas Unüberlegtes sagst" oder „Lass dir nichts weismachen", so lauteten die Worte meiner Eltern, wenn ich ungestüm etwas loswerden wollte, was mich innerlich bewegte.

Doch ist das auch wahr, ist es wirklich ungehorsam von mir, wenn ich ungestüm bin, wenn ich ohne Scheu sagen will, was ich denke oder fühle?

Bin ich dann frei, wenn ich meinen Eltern folge?

Werde ich dafür belohnt?

„Du musst schön brav sein und deinen Eltern folgen", hörte ich von allen Seiten, also musste doch etwas dran sein.

Doch ist das auch die Wahrheit, bekomme ich wirklich nur dann eine Belohnung, wenn ich meinen Eltern folge?

Ich glaube nicht, dass es so ist, denn dies ist die Wahrheit der anderen und nicht meine.

Deshalb muss ich ihr auch nicht folgen, sondern meiner eigenen.

Und sie lautet: „Ich muss mich nicht zusammenreißen." „Ich muss mir nicht auf die Lippen beißen, bevor ich etwas Unüberlegtes sage." „Ich lasse mir etwas weismachen."

Damit bin ich ein ungehorsames Kind, doch lieber das als ein angepasstes, das sich vor lauter Angst hinter dem Rockzipfel seiner Mutter verstecken muss.

Es ist diese Angst, die uns lähmt, ungehorsam zu sein und damit womöglich nicht mehr geliebt zu werden, die unser Herz erstarren und nicht mehr ungestüm schlagen lässt.

Ungehorsam zu sein, bedeutet für mich jedoch alles andere als Bösartigkeit. Es befreit uns aus unserem selbst gewählten Gefängnis und verleiht uns wieder die Flügel, die uns abhandengekommen sind. Damit bin ich gehorsam mir selbst gegenüber und nur dafür werde ich auch belohnt und für nichts anderes.

„Wenn ich nur noch das tue, was ich so gerne mache (lesen), dann werde ich so faul und hässlich wie die Pech-Marie." Oder: „Dann klebt das Pech an mir und ich kann es nie mehr abwaschen."

So unglaubwürdig es auch klingen mag, diese Gedanken, die ich als Kind einmal dachte, trug ich immer noch in mir.

Wie ist so etwas möglich? Ich als Erwachsene muss doch wissen, dass dies nur Gedanken eines Kindes sind?

Bin ich wirklich so naiv?

Und doch ist es möglich, und zwar deshalb, weil ich nicht mehr wusste, dass ich sie noch in mir trug. Mit diesen unbewussten Gedanken konnte ich mich nie als Glückspilz fühlen und mir auch nie erlauben, Dinge zu tun, die mir wirklich Spaß machten.

Sobald ich ansetzte und bei irgendetwas Spaß hatte, kamen diese unbewussten Gedanken in mir hoch und wirkten auf meine Freude wie eine Bremse, im wahrsten Sinne des Wortes als „Spaßbremse". So, als ob eine innere Stimme mir sage: „Du weißt schon, dass du eine faule Marie bist, wenn du das tust. Also hör auf damit, tu endlich etwas, damit du eine fleißige Marie wirst."

Auch der Gedanke „So werde ich nie eine Gold-Marie sein“ war in mir noch sehr lebendig und sorgte dafür, dass das Gold (das Glück) nie über mich ausgeschüttet werden konnte.

Ich weiß, dies ist mit dem Verstand schwer zu erfassen, und ist doch die Wahrheit oder, besser gesagt, es sind Lügen.

Denn die Wahrheit ist: „So werde ich eine Gold-Marie sein“, weil ich das tue, was mir Spaß macht und nicht länger glauben muss, dass das Pech an mir kleben bleibt und nie wieder abgeht.

Irgendwann las ich einmal: „Gib, ohne die Hoffnung, dafür etwas zurückzubekommen.“

Ein alles andere als Mut machender Gedanke.

Nur geben und nichts zurückbekommen?

Ist das die Wahrheit, muss ich jede Hoffnung aufgeben, jemals etwas zurückzubekommen?

Soll ich wirklich immer nur geben?

Ich glaube nicht, dass es so ist, denn: „Ich gebe und darf die Hoffnung haben, etwas zurückzubekommen.“ Das ist die Wahrheit.

Der Unterschied liegt in dem kleinen Wort „darf“, denn dürfen und müssen haben zwei unterschiedliche Bedeutungen.

Mit müssen will ich etwas verkaufen, weil ich zumindest eine Anerkennung fordere. Doch dann habe ich auch nicht wirklich etwas zu geben.

Doch ebenso eine negative Auswirkung auf mich hat meine Weigerung, etwas nicht empfangen zu dürfen. Das Gleichgewicht zwischen Geben und Empfangen ist dann gestört.

Nur wenn ich bereit bin, auch zu empfangen, habe ich wirklich etwas zu geben.

Ansonsten gleicht meine Hilfe einem Fass ohne Boden, das nie voll wird.

Mit meiner Weigerung, die Geschenke der Menschen anzunehmen, stoße ich nicht nur sie, sondern auch mich selbst vor den Kopf. Denn Dankbarkeit ist das größte Mysterium in unserem Universum. Dankbar sein zu können, erschafft ganz automatisch mehr von dem, wofür ich dankbar sein kann.

„Wofür soll ich dankbar sein?“ Mit diesem Gedanken kann ich die Fülle des Lebens auch nicht sehen.

Erst die Umkehrung lässt mich etwas anderes erkennen, und zwar: „Ich bin dankbar für alles.“

Zum Beispiel für mein Leben, für die Schönheit der Natur, dafür, dass ich in einem Land lebe, in dem ich meine Meinung frei äußern darf, ohne irgendwelche Repressalien fürchten zu müssen, dafür, dass ich dieses Buch veröffentlichen darf.

Ich glaube, in der DDR hätte ich keine Chance dazu gehabt. Zumindest wäre das erste Kapitel in meinem ersten Buch gnadenlos der Zensur zum Opfer gefallen.

Wie sagte Walter Ulbricht einmal? „Den Sozialismus in seinem Lauf hält weder Ochs noch Esel auf.“ Ich gehe davon aus, dass dies eine Anspielung auf den Gottesglauben war, die jedoch von der Geschichte regelrecht überrannt wurde.

Schließlich lautet die Umkehrung: „Die Wahrheit in ihrem Lauf hält weder Ochs noch Esel auf.“

Auch die Aussage: „Wir überholen den Westen, ohne ihn einzuholen“, war ziemlich merkwürdig. Doch bei näherem Betrachten der Umkehrung bekommt sie eine neue Bedeutung, und zwar: „Wir überholen den Osten, ohne ihn einzuholen.“

Dies bedeutet, dass keiner den Osten einholen wollte, sondern dass dieser bereits überholt war.

Betrachte ich das alles unter diesen Gesichtspunkten, dann kann ich wirklich froh und dankbar sein für mein Leben und das ist schon genug.

„Glaub doch nicht, dass sich alles nur um dich dreht“, waren die Worte meiner Mutter, wenn ich von ihr Aufmerksamkeit einfordern wollte und sie keine Zeit oder vielleicht auch keine Lust hatte, sich um mich zu kümmern.

Worte, die in mir nur eine Schlussfolgerung zuließen: „Ich bin meiner Mutter lästig.“

Das eigene Kind soll seiner Mutter lästig sein?

Eine Mutter muss ihr Kind doch lieben und immer gern mit ihm spielen.

Das konnte ich nicht verstehen.

War ich eine Ausnahme, liebte sie vielleicht nur mich nicht?

Ich fand nur eine Antwort darauf und sie lautete: „Meine Mutter liebt mich nicht, weil sie nicht mit mir spielt."

Es wird Zeit, mir die richtigen Antworten zu geben, und zwar: „Um mich dreht sich alles."

Seit meinem ersten Atemzug hat sich alles nur noch um mich gedreht. Die Ärzte, die mir halfen, das Licht der Welt zu erblicken, meine Eltern, die mich umsorgten, später die Schule, die mir Lesen und Schreiben beibrachte. Meine Arbeitsstellen, in denen ich arbeiten durfte, um mir meinen Lebensunterhalt zu verdienen. Und nicht zuletzt der Staat, der heute dafür sorgt, dass ich mit meiner Familie in Frieden leben darf.

Auch jeder Mensch, mit dem ich zu tun habe und den ich manchmal am liebsten auf den Mond schießen würde, dreht sich um mich.

Er zeigt mir die negativen Anteile meines Selbst, die ich nie wahrhaben wollte, und gibt mir damit die Möglichkeit, sie anzunehmen und in Frieden ziehen zu lassen.

Der einzige Mensch, dem ich lästig war, war ich selbst mit meinen mich extrem belastenden Gedanken.

„Ich liebe mich nicht, weil ich nicht mit mir spiele", ist die Wahrheit, weil ich mich lieber mit stressigen Gedanken beschäftigte als mit dem Spielen.

Somit kann ich auch erkennen, dass meine Mutter mich liebte, weil sie nicht mit mir spielte. Denn damit gab sie mir die Möglichkeit, meiner Fantasie freien Lauf zu lassen und mich mit mir selbst zu beschäftigen, eigene Ideen zu entwickeln.

Das tat ich auch und benutzte zum Beispiel einfache Holzwäscheklammern als Bausteine, um Türme zu bauen. Ich hatte eigentlich nie Langeweile; mit irgendetwas habe ich mich immer beschäftigt.

Wenn ich mir die heutigen Kinderzimmer anschaue, dann sehe ich ein Überangebot an Spielsachen und werde trotzdem den Eindruck nicht los, dass die Kinder unter Langeweile leiden.

Wie kann das sein?

Sind unsere Kinder zu undankbar, geht es ihnen zu gut?

Ich glaube, dass es nicht so ist, denn wir folgen lediglich einem stressigen Gedanken.

Er lautet: „Wir müssen unseren Kindern viel abnehmen."

Nachdem im Krieg und in der Nachkriegsgeneration den Kindern der unterste Stellenwert eingeräumt wurde, drängt es uns, das alles wiedergutzumachen.

Die Kindheit unserer Vorfahren war geprägt von unsäglichem Leid. Ein Kind hatte damals keinerlei Wert, wurde oftmals nur als nutzloser, zusätzlicher Esser oder billige Arbeitskraft angesehen.

Wir spüren einfach dieses große Unrecht und wollen deshalb unseren Kindern alle Steine aus dem Weg räumen.

Dabei übersehen wir eines, wir räumen sie nicht weg, sondern legen sie ihm erst in den Weg, in Form von stressigen Gedanken.

Denn auch aus Steinen, die einem in den Weg gelegt werden, kann man etwas Schönes bauen. Die Fantasie wird angeregt und Langeweile wird für ein Kind dann kein Thema mehr sein.

„Wir müssen unseren Kindern weniger abnehmen", lautet die Umkehrung und bedeutet, dass wir unseren Kindern mehr zutrauen müssen, selbst etwas auf die Beine zu stellen.

Mit all diesen neuen Gedanken weiß ich jetzt ganz sicher, dass „die ganze Welt sich um mich dreht", die ganze Existenz mich bedingungslos liebt, und zwar so, wie ich bin.

Auch den stressigen Gedanken „Was kostet die Welt" kann ich mit einem neuen ersetzen. „Die Welt kostet nichts", weil sie sich mir schenkt, ganz ohne Kosten für mich.

Im Herbst letzten Jahres war ich an einem wunderschönen Tag bei strahlendem Sonnenschein unterwegs. An einem Berghang musste ich einfach anhalten, um die Farbenpracht der Bäume mit ihren verfärbten Blättern zu genießen.

Die Sonne ließ sie wie pures Gold flimmern, ein Farbenrausch ohnegleichen, den ich so noch nie bewusst wahrgenommen hatte.

Nur schwer konnte ich mich von diesem Anblick losreißen und den Fuß wieder von der Bremse nehmen.

Im Glauben, dass ich den Motor nicht ausgeschaltet hätte (das Radio war ebenfalls an), fuhr ich mit dem Auto langsam den Berg wieder hinunter und kam vor der Kreuzung zu stehen.

Hinter mir stand ein Fahrzeug und drängelte, dass ich weiterfahren solle.

Ich gab Gas – und nichts geschah, mein Auto rührte sich nicht vom Fleck. Ich sah nur noch, wie der Autofahrer an mir vorbeifuhr und eine Handbewegung machte, die mich sehr an einen Scheibenwischer erinnerte.

Blödmann, dachte ich wütend im ersten Moment, wie kann ich losfahren, wenn ich den Motor nicht anhabe?

Nachdem sich meine erste Wut wieder gelegt hatte, schlich sich in mir ein unbestimmtes Gefühl ein, dass diese Situation mir etwas sagen wolle.

Doch was war das?

Ich, im Auto unterwegs, mit nicht eingeschaltetem Motor, das konnte nur bedeuten, dass ich schon fast mein ganzes Leben ohne Motor verbrachte. Ich ließ mich lediglich rollen oder anschieben. Wie konnte ich auf diese Weise vorwärtskommen?

Dieser Mann hatte völlig recht, als er sich an den Kopf fasste. Im Nachhinein kann ich ihm sogar dankbar sein für diese Lektion. Ich selbst bin dieser Blödmann, wenn ich meinen Motor nicht anmache und glaube, so weiterzukommen.

„Ich muss mich immer anschieben lassen", dieser Gedanke kam mir dabei wieder ins Bewusstsein.

Worte, die ich auch schon früher von meinen Eltern hörte.

Doch sind sie auch wahr, brauche ich wirklich immer jemanden, der mich auf Trapp bringt, der mich anschiebt?

Ich glaube nicht, dass ich dazu jemanden brauche. Was ich tun muss, um in Bewegung zu kommen, ist einfach nur, meinen Motor wieder zu starten.

Wie soll das gehen?

Na ganz einfach, indem ich den Schlüssel hereinstecke und umdrehe.

Damit meine ich jedoch den Schlüssel, der in meinem inneren Safe liegt und für den ich die dafür nötige Zahlenkombination kenne.

Diese Zahlenkombination setzt sich zusammen aus der bewussten Annahme meines Schmerzes, aus meinen Fähigkeiten und meiner Ausdauer, so, wie ich es am Anfang schon einmal beschrieben habe.

Doch wie kann ich sie zusammensetzen, wenn ich meinen Schmerz verdränge und davon ausgehe, dass ich über keine besonderen Begabungen und Fähigkeiten verfüge?

Dann gelange ich auch nicht an den Zündschlüssel und kann in meinem Leben nie richtig durchstarten und Gas geben, sondern muss mich schieben lassen.

Gelingen wird es mir erst, wenn ich mir einen neuen Gedanken verinnerliche, und zwar: „Ich muss mich nicht anschieben lassen", weil ich das mit meinem Schlüssel wieder selbst kann.

„Ich darf mich anschieben lassen" – lautet noch eine Umkehrung, jedoch nicht von jemand anderem, sondern von meinem Selbst. Damit komme ich erst so richtig in Fahrt.

Bin wirklich ich das, was ich da so alles schreibe? Diese Frage drängt sich mir jetzt auf.

Kann es sein, dass mein Verstand sowie meine Begabung, Ideen in Worte zu fassen und voller Gefühl ein Buch daraus entstehen zu lassen, von etwas Höherem in mir lediglich benutzt wird?

Werde ich schon wieder nur benutzt, wie schon so oft in meinem Leben?

Soll das nie ein Ende nehmen?

Die Antwort lautet: „Nein, werde ich nicht."

Denn die Wahrheit ist, ich benutze das Höhere in mir, um mich auszudrücken, um damit meinem wahren Selbst zu ermöglichen, das Licht der Welt noch einmal zu erblicken.

Meine Unfähigkeit, das zu sagen, was in mir ist, all meinen Schmerz nicht fühlen zu wollen, mein Verlangen danach, mich am liebsten in einer dunklen Höhle zu verstecken in dem Glauben, da sicher zu sein, verhinderte dies.

„Ich muss mich verstecken", lautete der stressige Gedanke, der mich zwang, mich vor der Welt zu verstecken.

Doch ist dies die Wahrheit, muss ich das wirklich?

Jetzt weiß ich, dass es eine große Lüge ist, denn die Umkehrung besagt: „Ich muss herauskommen", und mich der Welt zeigen, damit sie sieht, was alles in mir steckt.

Ausnahmslos alles, meine Hässlichkeit, meine Hilflosigkeit, das Böse in mir.

Jeder Mensch will nur seine Schokoladenseite präsentieren, verständlich, doch in höchstem Maße hinderlich für seine persönliche Weiterentwicklung.

Ich erinnere noch einmal an die zwei Seiten einer Medaille. Nur wenn ich auch die andere, weniger schöne Seite akzeptieren kann, kommt mein Leben in Bewegung.

Nur wenn ich mich getraue, so, wie ich bin, aus meiner Höhle herauszutreten, und den Mut fasse, der Welt zu sagen, das bin ich, entweder ihr nehmt mich so, wie ich bin, oder ihr lasst es sein, erlange ich meine Freiheit.

„Ich darf mich zeigen", mit diesem neuen Gedanken hebe ich mein Verbot wieder auf, das ich vor langer Zeit mir gegenüber ausgesprochen habe.

Weil ich fest davon überzeugt war, so, wie ich war, sei es nicht richtig.

„Ich muss mein wahres Gesicht verbergen", auch diesem Gedanken folgte ich viele Jahre meines Lebens und hielt ihn für die Wirklichkeit. Ich glaubte, wenn jeder sähe, wie hässlich ich in Wirklichkeit wäre, dann würde keiner mehr mit mir etwas zu tun haben wollen.

Eine Lüge, denn die Wahrheit ist: „Ich darf mein wahres Gesicht zeigen," Sie bedeutet, dass ich alles von mir zeigen darf, auch die weniger attraktiven Teile von mir.

Doch erst mit der zweiten Umkehrung mache ich ernst mit meiner Absicht, denn ich zeige „mein wahres Gesicht". Und genau das habe ich getan, indem ich mein wahres Selbst benutzt und aufgeschrieben habe, was es mir sagen wollte und sicher auch noch sagen will.

Viele Menschen tragen den Wunsch in sich, sich beruflich selbstständig zu machen.

Endlich der eigene Chef zu sein, sich nichts mehr sagen lassen müssen, erscheint manchen als die Erfüllung eines Traumes.

Doch ist es das auch, ist es wirklich das Größte, sich nichts mehr sagen lassen zu müssen?

So nach dem Motto, ich bin der Größte?

Ich glaube nicht, denn sie folgen damit einer Illusion ihres alten Denkens. Sie sind sich nicht bewusst, dass sie sich aus einem falschen Grund heraus selbstständig machen wollen.

Und etwas aus dem falschen Grund heraus zu tun, geht immer schief, zumindest so lange, wie ich es nicht erkenne.

Sie folgen lediglich einem stressigen Gedanken und der lautet: „Ich will mir nichts mehr sagen lassen." Eine Illusion, denn damit werden sie nie wirklich selbstständig, sondern immer Angestellte ihrer stressigen Gedanken sein.

Sich wahrhaftig selbstständig zu machen, bedeutet etwas ganz anderes. Dies sagt die Umkehrung: „Ich will mir etwas sagen lassen."

Und zwar von einem Gedanken, der mich mit größter Begeisterung erfüllt, und dieser Gedanke lautet: „Mein Herz will mir etwas sagen." Denn es ist das, was ich schon immer tun wollte, etwas, was mein Herz vor lauter Freude hüpfen lässt, wenn ich nur daran denke.

Dabei ist es unbedeutend, ob ich mich selbstständig mache oder ob ich in einem größeren Team angestellt bin oder eine ehrenamtliche Tätigkeit ausführe.

„Ich will der Chef sein", auch diesem trügerischen Gedanken folgen viele und sind sich nicht bewusst, dass sie es mit diesem Gedanken in Wirklichkeit nie sein werden.

Denn die Wahrheit lautet: „Mein altes Denken will der Chef sein" und das alleinige Sagen über mich haben.

Chef bin ich in Wirklichkeit erst dann, wenn ich einem neuen Gedanken folge, er lautet: „Mein wahres Selbst ist der Chef." Und damit habe ich den besten Chef der Welt, dem ich bedingungslos vertrauen kann. Er führt mich sicher durch alle Klippen hindurch, umfährt jeden gefährlichen Sog, in den mein altes Denken mich rücksichtslos hineinmanövriert hat.

Auch der Gedanke „Selbstständigkeit ist die Erfüllung meines Traumes" ist trügerisch, weil er viel zu vage ist, ich nicht weiß, womit ich mich selbstständig machen will, wozu es mich drängt.

Zu wissen, was ich wirklich will, nicht nur mit meinem Verstand, sondern mit meinem ganzen Herzen, erst das lässt meinen Traum Wirklichkeit werden.

„Selbstständigkeit bedeutet die Erfüllung aller Herzenswünsche." Das ist die Wahrheit und heißt, dass ich mir mit diesem Gedanken auch alle anderen Herzenswünsche erfüllen kann.

Für alle Skeptiker gibt es noch eine Umkehrung, sie lautet: „Selbstständigkeit ist das Erwachen aus einem Albtraum", und bedeutet, dass ich mir damit bewusst werde, dass ich mich in einem Albtraum befinde, aus dem ich jetzt erwachen darf.

Denn dieser Albtraum ist nicht die Wirklichkeit, sondern die Illusion meines alten Denkens.

„Selbstständigkeit ist das Erwachen in der Wirklichkeit" und damit im richtigen Leben.

Alles andere ist nur ein böser Traum.

Doch was ist es nun, was ich wirklich will?

Eine gute Frage, die sich bestimmt schon viele, mehr oder weniger erfolgreich, gestellt haben.

Auch ich wusste es lange nicht, doch nun ist es an der Zeit, mir diese Frage ganz bewusst zu stellen.

Will ich ein glückliches, erfülltes Leben?

Keine Frage, das will jeder.

Will ich im Hier und Jetzt das Leben mit all seinen Facetten lieben können?

Auch keine Frage.

Will ich all meine Ängste und Selbstzweifel überwinden?

Ganz sicher.

Was also hält mich noch davon ab, dies alles zu tun?

Die Antwort ist ganz einfach: weil ich Angst vor der Wahrheit habe. Angst vor meiner eigenen Courage, Angst vor meiner eigenen Größe.

Die Überwindung dieser Angst ist es, was ich wirklich will, weil diese Überwindung mich erst wirklich in Bewegung bringt, meinen Fuß von der Bremse nimmt.

Bis zu dieser Antwort ist alles nur reine Theorie, schöne, aber leere Worte.

Erst meine Bereitschaft, meine Angst wirklich loszulassen, ist der Brennstoff, der mich in Bewegung bringt.

Genau wie ein Auto ohne Benzin nicht fahren kann, ist es mir nicht möglich, ohne die Überwindung meiner Angst vorwärtszukommen, dann trete ich auf der Stelle.

Ich glaube, nein, ich weiß es jetzt: Dies ist die größte Hürde, die ein Mensch überwinden muss, um seine Bestimmung leben zu können.

„Ich habe Angst vor der Wahrheit.“ Dieser Gedanke ist es, vor dem wir davonlaufen und der uns glauben lässt, klein und unbedeutend zu sein.

Doch ist das die Wahrheit, laufen wir nicht vor etwas ganz anderem davon?

Ich glaube schon, dass wir das tun, denn die Umkehrung lautet: „Ich habe Angst vor meiner Größe.“

Es ist die Angst davor, dass hinter meinem Rücken mit vorgehaltener Hand über mich getuschelt wird, dass mit dem Finger auf mich gezeigt werden könnte, wenn ich mich zu meiner wahren Größe erheben würde. Lieber klein, geduckt und unsicher, da fühle ich mich sicher.

Vor dieser Lüge laufe ich davon, anstatt stehen zu bleiben, mich umzudrehen und mutig zu fragen: Was wollt ihr von mir?

In Wahrheit habe ich also Angst vor meiner eigenen Größe und diese Angst ist es, die ich in Wirklichkeit überwinden will. Denn „ich habe keine Angst mehr vor der Wahrheit".

Und diese Wahrheit bedeutet: Lass die Leute reden, denn sie reden über jeden.

Letztendlich sollen die Menschen ja auch über mich reden, doch nicht über meine Angst, sondern über die Überwindung meiner Angst.

Diese Vorstellung ist es, die mir Mut macht, und nicht das Davonlaufen.

„Wolf im Schafspelz" ist die Bezeichnung eines Menschen, der nach außen hin überaus nett und freundlich ist. Keiner käme auf die Idee, ihm auch nur annähernd etwas Schlechtes zuzutrauen. Doch der Schein trügt, denn in Wahrheit verbirgt sich dahinter manchmal eine explosive Mischung unterdrückter Gefühle. Es ist ungefähr so, als ob ein Kessel auf voller Flamme kocht und das Ventil geschlossen ist, aus dem der Dampf entweichen könnte.

Dies geht nicht ewig, denn irgendwann explodiert der Kessel und richtet großen Schaden an.

Was hat das alles nun mit mir zu tun?

War auch ich etwa ein Wolf im Schafspelz, ein Kessel, der kurz vor dem Explodieren stand?

Ja, es ist wahr, genau so habe ich mich all die Jahre gefühlt, es kochte nur noch in mir.

Schließlich sollte ich mich ja zusammenreißen, wie mich gelehrt wurde.

Doch ist das auch die Wahrheit, muss ich das wirklich?

Oder darf ich das Ventil öffnen, damit ich Dampf ablassen kann?

Die Antwort lautet, ich darf es nicht nur, sondern muss es sogar, um noch größeren Schaden zu verhindern.

Ein Wolf im Schafspelz ist gefährlich, weil niemand erkennt, dass in einem Lamm ein Wolf steckt.

Weitaus ungefährlicher ist die Umkehrung „ein Schaf im Wolfspelz".

Diese Menschen wirken oftmals wie ein wütendes Tier, lassen ihre Wut aus sich heraus und halten nichts zurück. Sie sind ehrlich, sagen offen ihre Meinung, ohne Angst davor zu haben, mit anderen anzuecken. Man weiß immer, woran man mit ihnen ist.

Doch anstatt zu fragen, was will mir dieser Mensch sagen, verurteilen wir ihn als Wüterich, als einen Menschen, der sich nicht im Griff hat.

Dabei macht er mich auf all meine verdrängten und von mir zurückgewiesenen Gefühle aufmerksam. Er lebt das aus, was ich mir selbst verboten habe, nämlich auch mal wütend zu sein.

Doch tief in ihm schlägt ein überaus weiches und mitfühlendes Herz, ein Lamm eben.

Denn in Wahrheit leidet er darunter, dass keiner ihn wirklich erkennt.

Er ist ein Prellbock für alle anderen und das macht ihn sehr zu schaffen.

Wir müssen ihn nicht länger verurteilen, denn er ist in Wahrheit „ein Lamm im Schafspelz".

„Ich darf nicht explodieren", mit diesem stressigen Gedanken ist es nur eine Frage der Zeit, dass ich genau das tue, jedoch unkontrolliert und garantiert zum falschen Zeitpunkt.

Anstatt mein Ventil ab und zu bewusst zu öffnen, damit Dampf entweichen kann.

Ich muss „explodieren" können, um in mir Ruhe und Frieden zu finden und nicht länger einem explosiven Kessel zu gleichen oder einem Wolf im Schafspelz.

Dazu muss ich jedoch nicht gleich alles kurz und klein schlagen, sondern mir lediglich vor Augen halten, dass Wutausbrüche nichts Negatives sind und hinter ihnen eine große Kraft verborgen liegt. Die ich erst dann erkennen kann, wenn ich meine Wut in mir und in anderen annehme und nicht länger verurteile.

„Ich darf Dampf ablassen" – schon allein dieser neue Gedanke nimmt Druck aus meinem inneren System und sorgt dafür, das Ventil ein ganz klein wenig zu öffnen.

Doch erst die Umkehrung „Ich lasse alles heraus" lässt in mir einen Unterdruck entstehen und damit neuen Raum für größere Gefühle und neue Gedanken.

Der Atem verbindet jeden Menschen mit dem Leben. Ohne Atem halte ich es im höchsten Falle ein bis zwei Minuten aus.

Umgekehrt jedoch hält mein Leben jahrelang aus, auch wenn ich die Verbindung mit ihm stark eingeschränkt habe.

Doch kann man das noch Leben nennen?

Indem ich nur noch wie ein Fisch auf dem Trockenen nach Luft schnappe?

Indem es mir nicht mehr gelingt, ganz tief durchzuatmen?

„Ich komme nicht zum Luftholen", dieser stressige Gedanke verbirgt sich dahinter und lässt mich nach Luft schnappen. Ein Satz, den ich schon von vielen gehört habe, mit einem gewissen Anflug von Stolz, weil man ja so viel zu tun hat und damit das Gefühl bekommt, gebraucht zu werden, wichtig zu sein.

Doch warum tue ich so etwas, ich brauche doch die Luft zum Atmen?

Habe ich etwa Angst vor meinem eigenen Leben?

Glaube ich etwa, dafür zu egoistisch zu sein?

Darauf gibt es nur eine Antwort, sie lautet: „Ich komme nicht zum Leben."

Eine wahnwitzige Antwort und doch tue ich es Tag für Tag.

Eine Tatsache, die auf den ersten Blick nicht zu verstehen ist.

Schließlich lebe ich doch, ich atme, ich bewege mich, ich arbeite, ich kümmere mich um meine Familie.

Verbirgt sich dahinter doch noch etwas ganz anderes?

So ist es, denn zu diesem Thema gibt es noch einen stressigen Gedanken, er lautet: „Ich werde gelebt", und zwar von anderen.

Doch bin ich glücklich damit, lediglich gelebt zu werden, mich um alles außer um mich selbst zu kümmern?

Verstehe ich das unter einem erfüllten Leben?

Das kann es ja wohl nicht sein.

Denn die Wahrheit ist: „Ich muss leben", und zwar mein persönliches, auf mich zugeschnittenes Leben. Damit meine ich jedoch nicht, dass ich jetzt von allen verlange, dass ein jeder nur noch für mich da sein soll und ich jede Verantwortung ablehne.

Ich habe eine Verantwortung, und zwar in erster Linie, mir selbst treu zu bleiben, dann kann ich auch Verantwortung anderen gegenüber übernehmen.

Umgedreht funktioniert das nicht, dann werde ich gelebt.

Erst dann kann ich auch wirklich von mir behaupten: „Ich lebe."

Dieser eine magische Moment, dieser Blick, diese Gesten, diese Gefühle, die man hat, wenn man seinem Traumpartner zum ersten Mal gegenübersteht. Wenn die Welt um mich herum versinkt. Ja, dann möchte man die Zeit anhalten.

Doch das tut sie nicht, sie läuft weiter, ohne sich um mich und um meine Gefühle zu scheren.

Sobald dieser kurze, magische Moment wieder vorbei ist, beginnt in mir ein Rückwärtsspulen.

Erst ganz langsam, fast unmerklich, gewinnen meine alten Überzeugungen wieder die Oberhand.

Dieser Mann und ich graue Maus waren die ersten Boten meiner alten Verletzungen.

Noch verdrängt man sie, mal mehr, mal weniger erfolgreich, alles ist neu und prickelnd.

Es gibt einfach nichts, was ich an diesem Menschen auszusetzen hätte. Jede Marotte von ihm wird als etwas Außergewöhnliches angesehen. Er ist im wahrsten Sinne des Wortes mein Traumpartner.

Auch ich möchte mich nur von meiner Schokoladenseite präsentieren.

Dabei übersehe ich all meine ungeliebten, von mir abgespaltenen Anteile, die ich weit von mir weise, denn sie dürfen bei meinem großen „Fest" nicht dabei sein.

Ich habe sie ausgeladen wie die eine Fee bei Dornröschen.

Doch damit geben sie sich nicht zufrieden, sie wollen ebenso meine Gäste sein.

Das Unheil nimmt seinen Lauf.

Je mehr ich sie zurückweise, umso energischer fordern sie Einlass, wollen von mir gesehen und angenommen werden, denn sie sind ein Teil von mir.

Diese hässlichen Teile von mir stören mein Fest, wo alles schön und gut sein soll.

Ich verbarrikadiere mein Inneres wie eine unüberwindliche Festung, um ihnen keinen Einlass zu gewähren. Doch sie sind erfinderisch, sie überwinden die dicksten Mauern und halten mir einen Spiegel vor, in dem ich hämisch grinsend ein Monster von Mann erkenne.

Entsetzt weiche ich zurück, nein, das ist nicht mehr der Mann, in den ich mich damals so unsterblich verliebt hatte.

Dies geht dann so weit, dass ich schließlich zu der festen Überzeugung gelange: „Dieses Monster ist nicht mein Mann."

Man fängt an zu fragen: Was ist nur geschehen, wo sind meine uneingeschränkte Liebe und Hingabe geblieben?

Habe ich mich so in ihm getäuscht?

Zeigt er jetzt sein wahres Gesicht?

Die Antwort lautet: Ja, er zeigt sein wahres Gesicht, und zwar als der, der er schon immer war, bevor ich ihm diese hässliche Maske überstreifte.

Denn mit der Umkehrung erfahre ich die Antwort und die lautet: „Das ist mein Mann", wie er leibt und lebt und mit dem ich nun mittlerweile 43 Jahre verheiratet bin.

Er ist ganz genau der Gleiche, in den ich mich damals verliebte. Und zwar in den Menschen, der er in Wirklichkeit ist.

Damals, in diesem einen Moment, haben wir gesehen, was wir in Wirklichkeit sind, reine, unverfälschte Liebe.

Alles, was daraufhin folgte, war lediglich ein Abklatsch meiner alten stressigen Gedanken und Überzeugungen.

Mit dieser neuen Erkenntnis können wir wieder dahin zurückkehren, von wo wir damals aufgebrochen waren, und ich kann ihm endlich mein uneingeschränktes „Ja" geben.

Dieses „Ja", welches ich damals meinem Mann vor dem Traualtar gab, war in Wahrheit ein Nein.

Ich war diejenige, die meinen Mann nicht heiraten wollte, weil mein altes Denken mir zuflüsterte, lass die Finger von ihm, er wird dir nie allein gehören.

So war es auch, doch anders, als ich glaubte.

Ja, ich wurde betrogen, doch nicht wegen einer anderen Frau, sondern von meinen stressigen Gedanken, jahrelang.

Langsam und von mir unbemerkt begann mein Verstand, mir auf der Basis meiner schmerzlichen Erfahrungen ein Bild von meinem Mann zu kreieren, das es so nie gegeben hat.

Mein Mann musste sich daraufhin regelrecht zu einem Monster entwickeln, zu einem Mann, der nur auf meinen Gefühlen herumtrampelte, der unfähig war zu lieben, der sich in meiner Fantasie in keiner Weise um seine Familie kümmerte.

Diese Vorstellung hatte ich von meinem Mann, deshalb konnte ich auch nur dieses hässliche Gesicht von ihm im Spiegel erkennen und nicht sein wahres.

Damit lief ich vor einer Wahrheit davon, die ich mir selbst zusammengebastelt hatte.

Auf all dies wollten mich meine abgespaltenen Anteile aufmerksam machen.

Ich wies sie zurück und damit auch das Geschenk, das sie mir machen wollten – das Geschenk der Wahrheit über mich und meinen Mann.

„Um mich kümmert sich kein Schwein." Oder: „Ich fühle mich von Gott und der Welt verlassen." Diesen und ähnlichen Gedanken folgte ich jahrelang.

Mittlerweile sage ich, gut, dass es so war. Auf diese Weise wurde ich auf mich selbst zurückgeworfen, lernte, dass ich alles in mir trug, um mich nie verlassen zu fühlen. Erst dadurch erfuhr ich die Nähe Gottes, erfuhr, dass er mich immer auffängt, wenn ich einmal straucheln sollte.

„Ich kümmere mich um mich" und „Ich fühle mich nicht von Gott und der Welt verlassen", das ist die Wahrheit und lässt mich nie wieder allein sein.

Mit diesen stressigen Gedanken musste ich mich ja notgedrungen einsam fühlen und mich selbst bedauern.

Anstatt mich zu erheben, fühlte ich mich lieber sitzen gelassen und wartete darauf, dass sich irgendjemand um mich kümmerte.

„Ich muss warten, bis mir einer hilft" – auch mit dieser Einstellung konnte ich lange darauf warten. Das Einzige, was folgte, waren eine immer größer werdende Trägheit und Unzufriedenheit, denn es kam niemand, der mir half.

Was mir half, war ein neuer Gedanke. Er lautete: „Ich muss nicht warten, bis mir einer hilft", denn das kann ich jetzt allein. Zumindest allein aufstehen, denn wenn ich einmal in Gang gekommen bin, dann hilft mir das ganze Universum.

Ich muss lediglich die Absicht in mir tragen aufzustehen, um mich zu erheben.

Dann folgen ganz automatisch weitere Aktivitäten, die mein Herz erfüllen, weil ich ja erkannt habe, dass ich nicht länger warten muss, um aktiv zu werden.

„Ich muss warten, bis ich mir helfe" und das kann sofort sein, da muss ich nicht länger auf andere warten und untätig herumsitzen.

Womit soll ich denn beginnen, ich habe keine Ahnung, womit ich anfangen soll?

Gute Frage, habe ich mir oft gestellt.

Hier ist die Antwort: „Mit dem Naheliegenden."

Und was ist das?

Das bin ich selbst, denn ich bin mir näher als nah.

Nur ich allein kann wissen, was ich will, was mich wirklich glücklich macht. Da hilft kein schlaues Buch. Es kann mir lediglich als Wegweiser dienen und nicht mehr.

Damit bin ich selbst das beste Lebenshilfebuch, das ich bekommen kann. Da steht von A bis Z einfach alles drin. Ich brauche nur die passende Seite aufzuschlagen und schon bekomme ich das Gewünschte, auch wenn es nicht immer angenehm ist, was ich da erfahre.

Ich habe viele bildliche Vergleiche angestellt, um den Lesern meines Buches als Wegweiser in sein Inneres zu dienen. Doch letztendlich sind es nur verschiedene Möglichkeiten, um eines darzustellen: Wir sind viel, viel mächtiger, als wir uns es je vorstellen können.

Der eine versteht vielleicht den Vergleich mit den Marionetten, der andere möglicherweise den Vergleich mit dem nicht eingeschalteten Motor.

Alles dient nur dem einen Zweck, Ihnen den richtigen Weg zu weisen.

Ich bin ihn gegangen und kann Ihnen deshalb aus tiefster Überzeugung versichern, es ist der einzig richtige.

Vor vielen Jahren bekam ich einmal einen Katalog von einem Bücherklub zugeschickt.

Auf der zweiten Seite war ein Wegweiser abgebildet und auf ihm standen mit großer Schrift mein Vor- und Zuname. Damals maß ich dem keinerlei Bedeutung bei, ich fand es lediglich ungewöhnlich, meinen Namen in Großbuchstaben in einem Katalog zu sehen.

Heute weiß ich, dass es eine Aufforderung an mich war, diesen Weg zu gehen, dass mein Weg mit Büchern zu tun hatte.

Unbewusst folgte ich dieser Aufforderung und weiß jetzt, dass ich damit die richtige Richtung eingeschlagen habe – weg von meinem alten Denken, hin zu einem neuen.

Nichts nervt mich mehr, wenn ich mir einen spannenden Film anschaue, als diese ständigen Werbeunterbrechungen. Aus diesem Grund suche ich mir meistens Sender aus, in denen keine Werbung gezeigt wird.

Was nervt mich daran so? Sind es die Unterbrechungen an sich, wenn es gerade spannend wird, oder verbirgt sich dahinter noch etwas ganz anderes?

Ich glaube schon, dass es noch etwas anderes ist.

Es ist meine Überzeugung, dass eine richtig gute Sache keine Werbung braucht. Sie findet ihren Weg auch so, um Menschen zu erreichen, da reicht Mund-zu-Mund-Propaganda völlig aus.

Alles andere fühlt sich für mich so an, als ob man mit Werbung nur die guten Seiten hervorheben wolle und die negativen dabei ausblendet. Nicht umsonst ist man enttäuscht, wenn man das Produkt dann in den Händen hat und es nicht hält, was es versprach.

Man ist einer Täuschung im wahrsten Sinne des Wortes auf den Leim gegangen oder, besser gesagt, von einer Illusion befreit worden.

Doch warum lassen wir uns so bereitwillig täuschen, blenden dabei alles Negative, alles Hässliche aus?

Wollen wir uns alles nur schönreden, haben wir den Bezug zur Wirklichkeit verloren?

Schließlich gibt es in der Natur auch nicht nur gerade wachsende Bäume, sondern auch krumme und hässliche. Und doch übt die Natur auf uns eine wohltuende Wirkung aus.

Nach einem Waldspaziergang fühlt man sich wie neugeboren, mir geht es jedenfalls so.

Woran liegt das eigentlich?

Liegt es vielleicht daran, dass die Natur keinen Unterschied zwischen schön und hässlich kennt?

Dass in der Natur alles so sein darf, wie es ist?

Ich glaube, dass es so ist, denn wir folgen lediglich einem stressigen Gedanken.

Er lautet: „Ich muss mich täuschen lassen." Und zwar von meinen Sinneswahrnehmungen.

Die Werbeindustrie kennt diese Schwachstelle in uns und nutzt sie für sich aus.

Das ist an sich nichts Verwerfliches, denn letzten Endes soll es einem guten Zweck dienen.

Produkte sollen verkauft werden und die Sender erhalten von den Firmen Geld, um sich finanzieren zu können.

Was daran ist nun verwerflich?

Es ist dieses „Muss", was mich dabei so stört. Kein Mensch wird gezwungen, sich diese Sendung anzuschauen oder diese Produkte zu kaufen. Es ist die freiwillige Entscheidung eines jeden selbst. Wenn ich mich darüber aufrege und trotzdem weiter schaue, dann täusche ich mich selbst, weil ich mir etwas anschaue, was ich eigentlich nicht will.

„Ich muss mich nicht täuschen lassen" – lautet die Umkehrung und ist auch die Wahrheit.

Das Einzige, was ich muss, ist: „Ich muss mich belehren lassen", und zwar eines Besseren.

Und dieses Bessere ist: „Ich darf mich belehren lassen", von der Wahrheit.

Diese Wahrheit ist die Wirklichkeit und die Wirklichkeit ist perfekt so, wie sie ist, und braucht aus diesem Grund keine Werbung.

Ein richtig gutes Produkt wirbt, ohne Werbung zu machen, finanziert sich damit selbst.

Und man kann somit das Geld in sinnvollere Dinge als in die Täuschung vieler Menschen stecken. Zum Beispiel, indem es für sich den Anspruch erhebt, zum besten Produkt zu werden, das es je gegeben hat.

Eine Ausnahme jedoch gibt es, und zwar betrifft sie die Werbung in eigener Sache.

Dies bedeutet, dass ich für mich selbst stehe, mich in der Öffentlichkeit mit meinen Fähigkeiten präsentiere, mit meinem Namen für mein Produkt stehe.

Dann bin ich mutig, authentisch und glaubwürdig und täusche niemanden bewusst.

„Ich kann für nichts garantieren" – ist ebenso eine stressige Überzeugung. Damit lehne ich jede Verantwortung ab. Doch wie kann ein Mensch mit dieser Überzeugung glaubwürdig sein? Wie kann sein Produkt jemals das halten, was es verspricht?

Etwas anzubieten, woran ich selbst nicht wirklich glaube, ist von vornherein zum Scheitern verurteilt. Da reichen keine wohlklingenden Worte, da gilt nur eines – meine tiefe innere Überzeugung.

Doch in erster Linie muss ich „für mich selbst garantieren", denn ohne Vertrauen in mich bekomme ich auch keins in das, was ich verkaufen will.

„Das hast du nun davon!" Wer hat diese Worte nicht schon mal gehört oder zu sich selbst gesprochen. Und zwar dann, wenn man alle Warnungen in den Wind geschlagen hat, dass es falsch sei, was man vorhatte zu tun.

Ich werde das Gefühl nicht los, dass derjenige, der das zu mir sagt, insgeheim frohlockt, dass er recht hatte und es bei mir schiefgelaufen ist.

Doch ist das wahr, habe ich nun wirklich etwas davon?

So, wie die Frage klingt, ist es nicht so gemeint, eher, dass ich nichts davon habe.

Eine Antwort bekomme ich mit der Umkehrung, sie lautet: „Ich habe viel davon."

Dies bedeutet, dass ich nichts davon habe, wenn ich auf gute Ratschläge und auf negative Prophezeiungen anderer höre. Denn die Wahrheit ist, auch ein Rückschlag hat für mich eine Bedeutung und will mir etwas sagen. Es ist meine Erfahrung, die auf mich maßgeschneidert ist, und nicht die eines anderen. Deshalb habe ich viel davon, aus meinen Fehlern und meinen falschen Entscheidungen zu lernen.

Auch die Aussage „Das habe ich gleich gewusst" bedeutet, dass ich von Anfang an nicht an mich geglaubt habe, dass ich es schaffen würde. Es ist meine innere Überzeugung, die mich einholt und mir bestätigt, wie unfähig ich mich selbst einschätze.

Wer jubelt, ist mein innerer Kritiker, schließlich habe ich ihm ja wieder recht gegeben.

Doch hat er damit wirklich recht oder gibt es noch eine andere Wahrheit?

Die gibt es, und zwar: „Das habe ich später gewusst."

Mit diesem neuen Gedanken erfahre ich die Wahrheit, weil ich oftmals Zeit brauche, um den tieferen Sinn einer Niederlage zu erkennen.

„Das erfahre ich jetzt", damit ist gemeint, sobald ich im Hier und Jetzt ankomme, in die Stille gehe und Antworten in mir aufsteigen lasse, die ich mit meinem Verstand nie erfahren würde.

„Ich bin unfähig" – wer kann mit diesem stressigen Gedanken fähig sein, irgendetwas auf die Beine zu stellen. Es ist einfach unmöglich, gegen seine eigene feste Überzeugung zu handeln.

Aus diesem Grund können wir uns abstrampeln, wie wir wollen. Wir haben Misserfolge in allen Bereichen unseres Lebens, dessen können wir gewiss sein.

Mit der Umkehrung erfahre ich die Wahrheit, sie lautet: „Ich bin fähig."

Und zwar fähig in allen Bereichen meines Lebens.

Entgegen aller Umfragewerte, dass das Glück der Deutschen wieder angestiegen sein soll, bin ich davon überzeugt, dass dies nicht so ist.

Solch oberflächliche Umfragen sind kaum aussagekräftig und verraten somit niemals etwas darüber, wie es einem Menschen wirklich geht.

Das ist auch nicht verwunderlich, denn viele Menschen folgen dem Gedanken: „Wie es in mir aussieht, geht niemanden etwas an."

Von einem Menschen, der immer fröhlich und zu Späßen aufgelegt ist, wird man wohl kaum vermuten, dass es in ihm auch ganz anders aussehen könnte.

Wie sollte man auch, wenn dieser Mensch eine Maske trägt, damit man sein wahres Gesicht dahinter nicht erkennen kann.

Doch muss er das wirklich, darf es wirklich niemanden etwas angehen, wie es in ihm aussieht?

Oder kann es sein, dass er glaubt, stark sein zu müssen, um vor den anderen nicht als ein Versager dazustehen?

Stark, indem er seine wahren Gefühle verbirgt?

Ein verhängnisvoller Irrtum, denn die Wahrheit ist: „Wie es in mir aussieht, geht mich etwas an."

Solange ich davon überzeugt bin, dass es niemanden etwas angeht, wie es in mir aussieht, schließe ich auch mich selbst damit ein. Mit diesem Gedanken werde ich nie erfahren, wie es wirklich in mir aussieht. Ich spüre lediglich einen immer größer werdenden Konflikt zwischen meinem Inneren und meinem Äußeren, der mich immer mehr Kraft kostet, um meine Fassade aufrechterhalten zu können.

„Wie es in mir aussieht, geht jeden etwas an" bedeutet, dass mein Gegenüber genau sehen darf, wie mir zumute ist. Meine Ehrlichkeit hilft nicht nur mir, sondern auch ihm.

Damit ermutige ich ihn, ebenso seine Maske abzulegen und sich so zu zeigen, wie er ist.

Und das bedeutet, dass auch ein Clown mal traurig sein darf, denn schließlich ist er vor allem eines – ein Mensch. Und „jeder davon geht uns alle an".

Die Nachrichten würde ich zurzeit am liebsten gar nicht mehr anschauen. Nur noch Negativschlagzeilen, Selbstmordattentäter, Bombenanschläge …

Man könnte meinen, dass es nirgendwo mehr Frieden gäbe.

Doch ist das auch die Wahrheit oder zeigt uns das Weltgeschehen etwas ganz anderes?

Verbirgt sich hinter all dem auch eine Botschaft an uns, an die, die schon seit vielen Jahren in Frieden leben dürfen?

Ich glaube schon, dass es so ist. Denn wir verschließen unsere Augen davor, dass wir selbst tickende Zeitbomben in uns tragen.

Fast täglich lassen wir welche hochgehen, töten in uns Stück für Stück unsere eigene Identität und somit das, was uns wirklich ausmacht, unser wahres Selbst.

Das ist die Krönung, wird jetzt vielleicht so mancher sagen, mich auch noch mit einem Selbstmordattentäter zu vergleichen. Und doch ist es die Wahrheit, weil viele von uns eine Lüge in sich tragen, sie lautet: „Ich bin ein friedlicher Mensch."

Wie kann eine auf den ersten Blick so positive Aussage stressig sein?

Sie ist es, denn erst der zweite Blick lässt uns die Wahrheit erkennen, und zwar: „Ich war ein friedlicher Mensch", bevor meine stressigen Gedanken Besitz von mir ergriffen.

Seitdem laufen viele wie tickende Zeitbomben umher, in ihnen ein Gürtel aus manchmal hochexplosivem Sprengstoff.

Das ist ziemlich harter Tobak, weil ich hier von einem hochsensiblen Thema schreibe.

Ich bin mir etwas unsicher, darüber zu schreiben, aus Angst davor, dass man dies falsch verstehen könnte. Doch ich muss es einfach tun, weil es für mich die Wahrheit ist.

Ob ein anderer dies ebenso sehen kann, dessen bin ich mir nicht sicher, doch dieses Wagnis will ich einfach eingehen.

Frieden kann es erst geben, wenn ich erkenne, dass in mir noch Krieg herrscht.

Ohne die Wahrnehmung des Krieges in mir kann es keinen dauerhaften Frieden im Außen geben. Diese Wahrnehmung ist der erste Schritt in Richtung Frieden, deshalb kommen wir nicht umhin, zuerst in uns danach zu suchen.

Dass in vielen noch Krieg herrscht, zeigt sich schon in ganz banalen Dingen. Wie zum Beispiel darin, dass Menschen wegen Lappalien vor Gericht ziehen, worüber man nur mit dem Kopf schütteln kann. Oder sich zum Beispiel um einen Parkplatz so erbittert streiten, dass man meinen könnte, zwei kleine Kinder stritten um ihr Spielzeug. Selbst Regierungsparteien geraten in erbitterten Streit. Sie spielen ein Spiel, das wir als Kind gespielt haben, den Schwarzen Peter.

Keiner will ihn haben, jeder ist nur darauf bedacht, ihn wieder loszuwerden.

Das meine ich mit Sprengstoff, der sich jetzt immer mehr im Außen zeigt.

Damit will ich niemanden verurteilen, denn mir ist bewusst, dass in diesen Menschen noch unbewusste, negative Kräfte herrschen, die sie antreiben, so zu reagieren.

Was ich will, ist, für ein neues Bewusstsein plädieren, dafür, dass wir nicht pauschal alle für ihr manchmal recht seltsames und unverständliches Verhalten kritisieren.

Denn wahr ist, solange wir alle anderen als Kriegstreiber lediglich verurteilen und bekämpfen, werden wir die hässliche Fratze des Krieges immer mehr zu spüren bekommen.

Damit will ich keine Angst verbreiten, sondern dafür plädieren, dass wir da ansetzen, wo wir wirklich etwas bewegen können, nämlich in uns selbst. Und das liegt allein in unserer Hand.

„Ich werde ein friedlicher Mensch“ – diese Umkehrung besagt, dass dies möglich ist.

Vorausgesetzt, ich folge nicht länger den vorgefertigten Meinungen der anderen, sondern folge meinem Herzen, denn da herrscht schon lange Frieden.

Dies kann ich, wenn ich noch einem neuen Gedanken folge, und zwar: „Ich bin ein erwachter Mensch.“ Nur ein Mensch, der bereit ist, aus seinem Traum der Begrenzung zu erwachen, kann wirklich etwas für den Weltfrieden tun, indem er dafür sorgt, zuerst in sich den Frieden zu entdecken. Denn wie kann ich mit einem „Sprengstoffgürtel" in mir für Frieden sorgen? Das ist schlichtweg unmöglich.

Im ersten Kapitel meines Buches „... immer diese Gedanken" schrieb ich darüber, dass ich mich nie fragte, ob ich glücklich mit meinem Leben sei.

Mittlerweile gelange ich zu der Überzeugung, dass dies eine der existenziellen Fragen eines jeden Menschen ist. Doch noch wichtiger ist eine zutiefst ehrliche Antwort darauf.

Viele glauben lediglich, ein glückliches Leben zu führen. Doch bei näherem Hinschauen würde man sehen, dass etwas fehlt. Und zwar ist es etwas Prickelndes, Spannendes, etwas, was man als Würze des Lebens bezeichnen könnte. Stattdessen verläuft ein Tag wie der andere in Monotonie und Langeweile, weil alles vorhersehbar ist. Man schätzt sich sogar glücklich, weil es mit dem Partner noch nie eine Auseinandersetzung gab. Diese Menschen bezeichnen das als Glück. Doch ist es das wirklich?

Ich glaube nicht, dass man mit einem solchen Leben wirklich glücklich sein kann.

Eher würde ich dies als eine Art von Hypnose betrachten, in der man sich lediglich selbst einredet: Ich kann doch froh mit meinem Leben sein, anderen geht es doch viel schlechter als mir. Dagegen wäre nichts einzuwenden, schließlich schafft Dankbarkeit mehr von dem, wofür ich dankbar sein kann.

Doch die Sache hat einen Haken. Es ist ein stressiger Gedanke, und zwar: „Ich darf nicht undankbar sein." Mit diesem Gedanken nageln wir uns fest und können somit nie erfahren, was in unserem Leben noch alles möglich wäre.

„Ich darf neugierig sein" und ich muss nicht länger alles als gegeben hinnehmen, ich darf forschen und hinterfragen. Dann erfahre ich auch, was Leben wirklich bedeutet, nämlich lebenslanges Lernen, das nicht automatisch mit dem Eintritt ins Rentenalter endet.

Das ist prickelnd und aufregend und sorgt dafür, dass wir mit wachem Geist bis ins hohe Alter gesund und fit bleiben. Nur wenn wir uns selbst nicht mehr fordern, bildet sich in uns allmählich alles wieder zurück.

„Ich darf undankbar sein", und zwar bezüglich allem, was mir mein altes Denken in der Vergangenheit erzählt hat und dem ich blind folgte.

Dafür schulde ich niemandem Dank, denn es hat mich weit weg von mir in ein angepasstes Leben voller Leid, Schmerz und Monotonie geführt.

„Was ich gelernt habe, kann mir keiner mehr nehmen." Dieser stressige Gedanke sorgt dafür, dass ich mein einmal erworbenes Wissen mit niemandem teilen kann und will, und führt lediglich dazu, mich selbst in einer Box festzuhalten.

Auch der Gedanke „Ich darf mich mit meinem Wissen nicht großtun" hält mich in Wirklichkeit gefangen und sorgt dafür, dass ich mein ganzes Potenzial nicht nach außen bringen darf.

Diese erzwungene, falsche Bescheidenheit ist in Wahrheit extrem egoistisch, denn was nützt all mein angesammeltes Wissen, wenn ich nicht bereit dazu bin, es auch mit anderen zu teilen?

Immer schön bescheiden sein, sich nicht vordrängeln oder womöglich sich sogar selbst loben, dies findet seinen Ursprung ebenso in einem stressigen Gedanken, und zwar: „Eigenlob stinkt."

Doch sind all diese Gedanken auch wahr oder dienen sie lediglich dazu, meinen Geist in meinem Körper einzusperren und ihm damit zu verbieten, sich auszudehnen, wieder das Fliegen zu erlernen?

Stattdessen kleinkariert und beschränkt zu denken?

Das kann es doch nicht sein, mich selbst einzusperren, wo ich doch die Freiheit liebe, die Freiheit meines Geistes, der über eine unvorstellbar große Macht und Intelligenz verfügt.

Wenn, ja wenn ich ihn nur ließe.

Ich kann es, indem ich die Arme ausbreite wie damals als Kind, als mich alle dafür belächelten, und rufe: „Ich kann fliegen!"

Ganz schnell wurde ich damals auf den Boden der Tatsachen zurückgeholt. „Du kannst nicht fliegen."

Doch ist das die Wahrheit, kann ich wirklich nicht fliegen?

Es ist eine Lüge, denn in meinen Gedanken kann ich mich bis ans andere Ende der Welt befördern, überall da hin, wo ich sein will. Also ist es wahr, dass mein Geist und mit ihm meine Gedanken fliegen können, und allein das ist ausschlaggebend.

Wenn ich mich also in Gedanken überallhin befördern kann, dann muss doch einfach alles möglich sein, was ich mir irgendwie vorstellen kann.

Doch liegt meinem Körper überhaupt etwas daran, das Fliegen zu lernen?

Nein, tut es nicht, denn er hat Angst vor dem Absturz. Damit hat er etwas, was mein Geist nicht kennt, dieser hat keine Angst zu fallen, denn schließlich kann er ja fliegen.

Was hilft mir nun diese neue Erkenntnis?

Sehr viel, denn bei allem Fortschritt der Menschheit stand am Anfang immer eine Idee.

Ohne Ideen gäbe es keinen Fortschritt, hätten sich die Menschen niemals weiterentwickelt.

Was mich so beschwert und am Fliegen hindert, sind meine destruktiven, abwertenden und verurteilenden Gedanken.

Nichts ist deshalb wichtiger, als neu und manchmal auch ein bisschen verrückt um die Ecke zu denken. Denn natürlich kann ich mit meinem Körper nicht fliegen, doch mein Geist und meine Gedanken können dies schon und allein das ist wichtig, um das Leben zu erschaffen, was ich schon immer wollte.

Damit erlaube ich auch anderen, mir etwas zu nehmen, denn: „Was ich erlernt habe, lasse ich mir nehmen", und erlaube mir ebenso, „mich mit meinem Wissen großzutun".

Aus dem einfachen Grund, weil dieses Eigenlob „nicht stinkt", sondern ich damit andere einlade, ebenso groß und frei zu denken.

Mit Tränen in den Augen kann man nicht gut sehen. Dies ist eine Tatsache, die jedes kleine Kind weiß. Erst nachdem sie wieder getrocknet sind, kann man wieder klar schauen.

Was will ich damit sagen, welch tieferen Sinn hat diese Behauptung?

Schließlich gibt es ja auch falsche Tränen, auch „Krokodilstränen" genannt.

Die weinen kleine Kinder, wenn sie damit etwas erreichen wollen, sie in Wirklichkeit also nicht emotional aufgewühlt sind.

Sie spüren genau, welche Wirkung Tränen eines Kindes auf Erwachsene haben.

Und dies hat auch seinen Grund. Denn in Wirklichkeit zeigt uns ein Kind all die nicht geweinten Tränen eines Erwachsenen, die er sich als Kind nicht erlaubt hatte zu weinen.

Wo er Verletzungen und Schmerz einfach „hinuntergeschluckt" hatte, wie ein Krokodil es mit seiner Beute macht.

„Ich muss alles hinunterschlucken", dieser stressige Gedanke hindert ein Kind daran zu weinen.

Ich kann mich erinnern, wie ich als Kind nie Eierkuchen mit Marmelade mochte. Jeder Bissen blieb mir bald im Hals stecken, doch ich musste aufessen. Welch eine Qual für ein Kind.

Daraufhin hielt ich diesen stressigen Gedanken für die Wirklichkeit.

Dies betraf dann nicht nur das Essen, sondern auch meine Gefühle, meine Tränen. Tapfer schluckte ich weiter alles hinunter im falschen Glauben, damit meinen Eltern etwas Gutes zu tun.

Jetzt im Nachhinein kann ich erkennen, dass meine Eltern nicht aus Boshaftigkeit so handelten, sondern dass ihnen der Kampf ums tägliche Überleben noch im Nacken saß.

Die Freude darüber, etwas auf den Tisch gebracht zu haben, um hungrige Mäuler zu stopfen, ließ sie so überreagieren.

„Ich muss nicht alles hinunterschlucken." Das ist jedoch die Wahrheit und bedeutet, dass es unglaublich wichtig ist, alles auf den Tisch zu bringen, sonst würge ich ewig daran.

Ja, ich war wütend auf meine Eltern, weil sie mich zu etwas zwingen wollten, was ich nie mochte. Ja, ich hatte Angst, ihnen das zu sagen, hatte Angst, ihre Liebe zu verlieren.

Es ist das, woran ich mein ganzes Leben gewürgt habe, und nun darf es endlich heraus.

„Ich darf alles auf dem Teller lassen" – ist eigentlich keine richtige Umkehrung, doch bringt es auf den Punkt.

Es bedeutet, dass ich Dinge, die ich nicht mag, auch nicht schlucken muss.

Doch muss ich es nicht wenigstens mal probieren?

Nein, muss ich nicht, denn es ist einzig und allein meine Entscheidung, ob ich etwas möchte oder nicht. Jeder Zwang erzeugt das ganze Gegenteil und kann für ein Kind auch niemals nahrhaft sein.

„Ich muss meinen Eltern eine Freude machen", auch dieser Gedanke sorgte für Druck und Zwang in mir. Ängstlich war ich darauf bedacht, nichts falsch zu machen, um ihnen nicht noch mehr Sorgen zu bereiten, als sie schon hatten.

Doch half es, konnte ich ihnen damit ihre Sorgen abnehmen?

Wer mein Leben bis hierher verfolgt hat, kennt bereits die Antwort, sie lautet: nein.

Das ganze Gegenteil geschah, denn das Leben meiner Eltern glich einer unaufhaltsamen, alles mit sich reißenden Lawine, die keiner stoppen konnte außer den beiden selbst.

Wie kann ein Kind da etwas ausrichten?

„Ich mache meinen Eltern eine Freude", und zwar indem ich dies alles niedergeschrieben und in einem neuen Licht betrachtet habe. Und nicht zuletzt, weil ich damit vielleicht erreiche, dass ein jeder sein Leben in einem neuen Licht sehen kann.

„Es wird gegessen, was auf den Tisch kommt", so die strenge Aufforderung meiner Eltern.

Doch was bedeutete dies für mich, schaffte ich es, ihnen zu folgen?

Ich schaffte es, doch nur insofern, als ich mir verinnerlichte: „Ich muss essen, was auf den Tisch kommt."

Doch was bekam ich zu „essen“?

Was auf den Tisch kam, waren in Wahrheit Lügen, Hass, Streit, Missverständnisse.

Daran erstickte ich bald und bekam es nicht hinunter.

Das, wovon ein Mensch wirklich satt wird, kam nicht auf den Tisch, das sind Wahrheit, Liebe, Offenheit.

„Ich muss nicht alles essen, was auf den Tisch kommt“ – lautet die Umkehrung und bedeutet, dass ich nur noch das zu mir nehme, was ich wirklich will, und nicht länger der Überzeugung folge, alles hinunterschlucken zu müssen.

„Die Reichen werden immer reicher, die Armen immer ärmer.“

So las ich heute in der Zeitung (ich glaube, diese Überzeugung gibt es nicht erst seit heute).

Doch ist das auch die Wahrheit, wird die Schere zwischen Arm und Reich immer größer?

Solange ich diesem Gedanken folge, wird es auch so sein. Denn solange ich die Reichen für ihren Reichtum verurteile, sorge ich ganz automatisch dafür, dass ihr Reichtum immer größer wird. Es ist ein Naturgesetz, dass ich alles größer mache, solange ich es verurteile. Selbst wenn man ihnen mit extremen Steuererhöhungen mehr von ihrem Reichtum wegnehmen würde, käme das Geld immer wieder zu ihnen zurück.

Umgekehrt folgt daraus, dass mit einem unverhofften Geldsegen ein bettelarmer Mensch nicht automatisch reich wird. Denn jener trifft auf einen Menschen, der sich innerlich arm fühlt. Da ist es nur eine Frage der Zeit, bis er wieder das wird, was er vorher war.

Den Reichen noch mehr Geld abzunehmen, um es den Ärmeren zur Verfügung zu stellen, ist zwar menschlich gesehen wertvoll, doch erreichen tut man damit nichts.

Es gleicht einem Fass ohne Boden, in dem nichts hängen bleibt.

Helfen kann nur ein Umdenken, und zwar indem ich die Reichen nicht länger für ihren Reichtum verurteile, sondern ihn zumindest akzeptiere. Denn wie kann ich zu etwas gelangen, wenn ich es bei einem anderen ablehne?

Was hilft, ist ein neuer Gedanke, und zwar: „Alle sind reich."

Wenn das so ist, warum gibt es dann noch so viele Menschen, die an Hunger sterben müssen? Warum flüchten dann jetzt so viele Menschen aus ihrer Heimat und werden immer mehr?

Gute Fragen, auf die es nur eine Antwort gibt: Sie wissen noch nichts von ihrem Reichtum.

Sie wissen noch nichts davon, dass in ihrem Inneren eine nie versiegende Quelle von Reichtum vorhanden ist.

Das müsste ihnen doch jemand sagen, könnte man jetzt einwerfen. Das ist wahr, doch warum tut das keiner?

Weil die meisten von uns dem Glauben schenken, was öffentlich verbreitet wird, und es für die Wahrheit halten.

Aus diesem Grund käme keiner auf die Idee, einem armen Menschen zu sagen, du bist in Wirklichkeit unermesslich reich. Für sie gibt es nur die eine Wahrheit: Die Reichen sind schuld an der Armut der Armen.

Gibt es nun gar keine Möglichkeit, dieses Dilemma zu beenden?

Es gibt eine, und zwar durch einen neuen Gedanken, er lautet: „Wir alle werden immer reicher."

Wie soll das wahr sein, schließlich gibt es auf der ganzen Welt noch bitteres Elend?

Das ist richtig, doch nicht mehr lange, weil wir Menschen dabei sind zu erwachen, einer nach dem anderen. Dessen bin ich mir ganz sicher.

Warum ich mir so sicher bin?

Weil die Wahrheit stärker ist als jede Lüge und sich wie ein Lauffeuer überall verbreiten wird. Einmal in Gang gesetzt lässt sie sich nicht mehr stoppen. Sie reißt wie eine Lawine alles Unehrliche, alles Unechte mit sich und begräbt es unter sich, sodass am Ende nur noch eines übrig bleibt, die Wahrheit.

Und die Wahrheit ist Liebe, ist das Leben, so, wie es ist.

Dann werden wir alle den unermesslichen Reichtum erkennen, der uns umgibt und nicht länger nur einigen wenigen vorbehalten bleiben muss.

„Du wirst schon noch sehen, was du davon hast." Oder: „Das habe ich dir schon tausend Mal erzählt." Das sind Redewendungen, die bestimmt schon jeder einmal von seinen Eltern gehört hat.

Ziemlich nervige, die nur eines bewirken, zu einem Ohr rein und zum anderen wieder raus.

Weshalb stoßen solche Worte auf keinen Widerhall, sondern bewirken das ganze Gegenteil?

Das wollte ich jetzt wissen und stellte fest: „Ich sehe nicht, was ich davon habe." Und: „Das habe ich schon tausend Mal gehört", nämlich weil es immer das Gleiche ist und mich langweilt.

Eine ziemlich freche Antwort und doch die Wahrheit. Höre ich immer wieder das Gleiche, dann schaltet mein Gehirn automatisch auf Stand-by. Wozu anstrengen, wenn es keine neuen Aufgaben bekommt.

Eine neue Aufgabe wäre zum Beispiel die Aufforderung: „Du wirst nicht sehen, was du davon hast."

Diese Ansage macht neugierig und ich will wissen, was damit gemeint ist. Und „ich habe viel davon", zumindest einen ganz neuen Gedanken, der nicht mehr langweilt.

Schon allein die Umkehrung dieser stressigen Gedanken erzeugt in meinem Gehirn eine Wandlung um hundertachtzig Grad, denn jetzt bekommt es etwas zu tun.

Was ist damit gemeint, habe ich etwas verpasst, gibt es etwas Neues?

Auf einmal bin ich hellwach und bereit zur Kommunikation und damit haben die Eltern das erreicht, was sie schon tausend Mal vergeblich versucht hatten.

Nun könnte man einwenden, dieser Trick funktioniere nur ein einziges Mal, beim nächsten Mal wisse doch jeder, dass es nur ein Trick sei.

Das ist möglich, doch es gibt noch eine Umkehrung und sie lautet: „Ich werde schon noch sehen, was ich davon habe." Und: „Das habe ich mir noch nie erzählt."

Damit ist gemeint, dass ich nicht länger nur ein und dasselbe erzählen muss, weil es mich selbst nervt. Auch ich werde damit gezwungen, mir etwas Neues, weitaus Wirkungsvolleres auszudenken als immer wieder das Gleiche.

Denn schließlich verurteile ich an meinem Kind das, was ich selber tue.

Und wenn ich etwas verurteile … Sie wissen schon, was dann passiert.

Worte haben somit eine viel größere Wirkung, als uns bewusst ist. Die richtige Wortwahl ist entscheidend, um das Gewünschte zu bekommen.

Es reicht oftmals aus, die Worte umzudrehen und dem Gedanken zu folgen, der eigentlich eine negative Bedeutung hat, und zwar: „Du drehst mir das Wort im Munde herum."

Das sollten wir viel öfter tun, als „das Wort im Munde nicht herumzudrehen" und alles für bare Münze zu nehmen. Dann leben wir wesentlich entspannter, weil wir nicht länger „mit dem Kopf durch die Wand" müssen, sondern „mit dem Kopf durch die Tür gehen".

Denn sie ist da, wir können sie nur nicht sehen, weil „wir es im Kopf haben", anstatt „es nicht im Kopf zu haben". Klingt etwas verworren, doch es bedeutet, dass wir mit dem Kopf nichts erreichen, solange unser Herz nicht dabei ist. Unser Kopf sieht nur eine Wand und nicht die offene Tür, weil er genau an dieser Stelle durch will und nicht ein paar Schritte weiter, wo alle Türen offen stehen.

Unser Enkel rief mich gestern an, um uns vor Betrügern zu warnen, die von Haus zu Haus gingen, um angeblich die vorschriftsmäßige Installation von Rauchmeldern zu kontrollieren.

Er selbst las auf seinem Handy von dieser Warnung und informierte uns deshalb gleich.

Er wusste wohl, dass wir es mit unserer Sicherheit nicht so ernst nehmen und nicht gleich alles glauben, was so erzählt wird.

Trotzdem bedankte ich mich für seinen Anruf und nahm seine Warnung – zumindest ihm gegenüber – ernst.

Warum tat ich das, obwohl ich vermutete, dass die ganze Sache nur eine Finte sei, wie so manches, was jetzt verbreitet wurde?

Handelte ich damit gegen meine innere Überzeugung?

Eine Antwort darauf fand ich in einem stressigen Gedanken, er lautete: „Ich darf nicht gegen meine innere Überzeugung handeln."

Habe ich genau das getan, indem ich nur vortäuschte, seine Warnung ernst zu nehmen?

Nein, habe ich nicht. Ich habe seine Ängste ernst genommen, denn sie waren real.

„Ich muss mit innerer Überzeugung handeln", wenn ich authentisch bin und mir in die Augen schauen kann. Denn dann „lebe ich meine innere Überzeugung".

Meine eigenen Werte zu verraten, lässt meine Selbstachtung schwinden und lädt andere ein, dies ebenso zu tun. Wie kann ich von anderen verlangen, mich zu achten, wenn ich mich selbst verrate?

Mein Enkel hat mir wieder mal eine Lektion verpasst, für die ich ehrlichen Herzens dankbar sein kann. Doch nicht, indem ich seine Warnung in den Wind schlug, wie so oft in der Vergangenheit, sondern sie diesmal ernst nahm.

Deshalb ist es außerordentlich wichtig, seine eigenen Werte zu kennen und konsequent danach zu handeln.

Doch wie erkenne ich, ob ich meine eigenen Werte verrate oder ihnen folge?

Die Antwort ist ganz einfach, durch meine Gefühle. Folge ich meinen Werten, dann fühlt es sich rundherum einfach stimmig an, ich spüre ein Gefühl der Erleichterung, fühle mich leicht, frei und beschwingt.

Doch wehe, wenn ich sie verrate. Dann verkrampft sich alles in mir und ich spüre einen inneren Zwang, etwas tun zu müssen, was ich eigentlich nicht tun will.

Oftmals jedoch verrate ich sie nicht wirklich, sondern glaube es lediglich, wie mein Beispiel zeigt. Helfen tut mir deshalb nur eine ehrliche Frage, dann bekomme ich auch eine ehrliche Antwort.

Eine Antwort bekomme ich mit einem stressigen Gedanken, obwohl sie sehr wehtut, sie lautet: „Ich muss mich selbst verraten."

Mit diesem Gedanken ist es ja auch kein Wunder, dass es sich für mich nicht stimmig anfühlt, sondern äußerst zwanghaft. Alles in mir sträubt sich dagegen, verraten zu werden, noch dazu von mir selbst. Wut auf mich, auf die anderen, ein Gefühl von Ohnmacht und Hilflosigkeit stellen sich ein. Die ganze Bandbreite negativer Gefühle zeigt sich in mir mit geballter Kraft.

Bin ich dem nun vollkommen hilflos ausgeliefert?

Nein, bin ich nicht. Wie schon oft beschrieben, gilt es zunächst, alle Gefühle zuzulassen, auch wenn dies sehr schwerfällt. Dann zeigt sich mir ein neuer Gedanke, er lautet: „Ich darf mir treu bleiben."

Diese neue Erkenntnis entspannt alles in mir, weil es das ist, was ein jeder Mensch tief in seinem Herzen auch will.

Keiner hat mich jemals gezwungen, mich für andere zu verbiegen oder mich zu verraten.

Es war allein meine Entscheidung.

Mit diesen neuen Erkenntnissen bin ich wieder in meiner Kraft, fühle mich leicht und beschwingt, weil ich niemandem mehr erlaube, auf meinen Gefühlen herumzutrampeln oder mich selbst zu verraten.

Weil ich meinen Werten und damit mir selbst treu bin und auch treu bleibe.

Auch der stressige Gedanke „Ich glaube nicht an Zeichen und Wunder" lässt mich nicht in meiner Kraft sein, denn wahr ist: „Zeichen und Wunder gibt es."

Jeder Tag birgt welche in sich, doch meist negativ von uns ausgelegt, weil wir ja nicht daran glauben, dass es sie gibt.

Dafür glauben wir etwas anderes, und zwar: „Erst die Arbeit und dann das Vergnügen."

Doch ist das wahr, geht es nicht auch anders herum?

Es geht, also „erst das Vergnügen und dann die Arbeit".

Zunächst nicht nachvollziehbar, schließlich muss ich doch erst arbeiten, bevor ich mir den Luxus des Vergnügens leisten kann.

Muss ich nicht, denn wenn es mir gelingt, Freude zu empfinden bei dem, was ich tue, dann ist dieses Tun für mich keine Arbeit mehr, sondern Erfüllung. Dann ist es sogar so, dass ich mich wundere, dafür auch noch bezahlt zu werden.

Wenn es mir nicht gelingt, Freude bei meiner Arbeit zu empfinden, dann ist es vielleicht der falsche Job. Dies könnte ebenso ein Zeichen sein, von dem ich vorher geschrieben habe, denn arbeiten, nur um meinen Lebensunterhalt zu verdienen, reicht nicht aus.

Großen Frust bei der täglichen Arbeit zu erleben, ist mit Sicherheit ein untrügliches Zeichen, meine Arbeit fortan in einem neuen Licht zu betrachten. Vielleicht ist es die falsche oder ich habe einfach nur falsche Vorstellungen von ihr. Vielleicht glaube ich auch, dass niemand meine Arbeit schätzt oder ich zu wenig verdiene.

Dann kann ich mich fragen: Wie schätze ich mich selbst ein? Kann es sein, dass ich mir selbst wenig wert bin?

Wo mache ich immer einen Rückzieher, wo lasse ich anderen den Vortritt?

Wo verurteile ich andere für etwas, was ich womöglich selbst gern hätte?

Dies muss nicht immer zwingend auf Arbeit bezogen sein, sondern kann auch meine privaten Beziehungen betreffen.

Unerfülltheit in der Beziehung hat einen viel größeren Einfluss auf unsere Arbeit, als wir glauben, und umgekehrt ist es genauso. Denn alles wirkt auf uns ein und tritt in Beziehung miteinander.

Somit kann eine erfüllende Tätigkeit nicht anders, als auch für eine erfüllende Beziehung zu sorgen. Sie ist die Basis für das ganz persönliche Glück eines jeden Menschen.

Manch einer wird jetzt vielleicht denken, jetzt soll ich auch noch schuld daran sein, wenn ich auf Arbeit nur Druck und Stress erleben muss und unglücklich damit bin.

Eine falsche Vorstellung, die richtige Frage wäre: „Was kann ich tun, um gern zur Arbeit zu gehen?“

Denn die Wahrheit ist, mit all diesen Was-kann-ich-tun-Fragen beginne ich, aus meiner Opferrolle zu schlüpfen, und kann mich auf meine Kraft besinnen, anstatt alle anderen für mein Dilemma verantwortlich zu machen.

Damit will ich nur sagen, dass es unglaublich wichtig ist, mit vielen Fragen und einem offenen Herzen allen vermeintlich negativen Aspekten meines Lebens zu begegnen und offen für Veränderungen zu sein.

Tue ich dies regelmäßig, dann werde ich feststellen: „Es geschehen noch Zeichen und Wunder.“ Weil ich es drehen und wenden kann, wie ich will. Arbeit und Vergnügen sind dann ein und dasselbe.

Eine Utopie, ein unerfüllter Wunschtraum?

Ist es nicht, denn wahr ist: „Zuerst ein Traum und dann das Vergnügen.“

Mit diesem neuen Gedanken muss es kein unerfüllter Wunschtraum mehr bleiben, sondern kann Wirklichkeit werden. Weil ich damit aus einem Albtraum erwache, den ich jahrelang für die Wirklichkeit hielt.

Ich bin davon überzeugt, dass jeder Mensch diesen Traum in sich trägt, doch nicht an seine Erfüllung glaubt. Denn schließlich „wäre dies zu schön, um wahr zu sein“.

Dem muss ich nicht länger folgen, denn „es ist nicht zu schön, um wahr zu sein“.

Alles ist möglich dem, der glaubt. Doch glauben allein hilft nicht, Vertrauen und Taten sind gefragt, dann wird mein Traum auch Wirklichkeit.

Unser Hochzeitstag jährt sich dieses Jahr nun schon zum dreiundvierzigsten Mal.

Im Rückblick frage ich mich, wie kann eine Ehe so lange halten, wenn der überwiegende Teil gemeinsamer Jahre hauptsächlich nur aus Leid und Schmerz bestand?

Gibt es da etwas, das uns wie eine unsichtbare Macht zusammengehalten hat, oder war es schlicht und einfach die Angst vor dem Alleinsein oder Angst davor, noch einmal ganz von vorn anfangen zu müssen?

Ich glaube, nichts von dem ist wahr.

Im Nachhinein gelange ich zu der Erkenntnis, dass wir gar keine andere Chance hatten, um unsere alten Wunden zu heilen. Weder allein noch mit einem anderen Partner.

Diese Wahrheit hielt uns zusammen und sorgte dafür, dass diese winzig kleine Flamme nie ausging.

Ebenso bin ich jetzt davon überzeugt, dass eine Beziehung nur dann eine Chance hat, wenn die alten Verletzungen beider Partner in irgendeiner Weise identisch sind, weil es nur dann im anderen eine Resonanz gibt.

Ein Partner, der zum Beispiel von seinen Eltern sehr behütet wurde, kommt nicht damit klar, wenn dies beim anderen nicht der Fall war. Er kann sich nicht in ihn hineinversetzen, beide liegen nicht auf einer Wellenlänge, bieten also keine Resonanz, um sich gegenseitig die Verletzungen widerzuspiegeln.

Ein stressiger Gedanke zeigt dies, er lautet: „Wir liegen nicht auf einer Wellenlänge."

Solch eine Beziehung hat keine Chance, auch wenn die Bemühungen da sind.

„Wir können nicht miteinander und nicht ohne einander" – auch dieser Gedanke ist Ausdruck solch einer Beziehung.

Helfen aus diesem Dilemma kann nur Ehrlichkeit, indem man sich eingesteht, dass unter diesen Voraussetzungen die Beziehung keine Chance hat.

Wie kann ich nun feststellen, ob mein Partner andere alte Verletzungen in sich trägt als ich selbst?

Mit der Wahrheit, sie lautet: „Wir fühlen nicht auf einer Wellenlänge." Und: „Wir können nur gegeneinander und nicht miteinander."

Dies bedeutet, dass diese Paare sich etwas vormachen, wenn sie die Beziehung trotzdem weiterführen.

Ich glaube jedoch, dass es die wenigsten sind, bei denen alte Verletzungen nicht wenigstens in einem Punkt übereinstimmen, wo sie überhaupt nicht zueinanderpassen.

Weshalb trotzdem so viele Paare vorschnell das Handtuch werfen, hat eine andere Ursache.

Ich bin kein Paartherapeut, habe keinerlei psychologische Ausbildung, doch ich habe eines, eine Beziehung, die mich in extremster Weise herausgefordert hat.

Die mich gezwungen hat, da zu suchen, wo ich auf alles eine Antwort bekomme, und die mich jetzt ebenso zwingt, diese Antworten weiterzugeben.

Aus diesem Grund kann ich auch behaupten, dass alle Paare, die sich vorschnell trennen, einem stressigen Gedanken folgen, und zwar: „Das muss ich mir nicht länger antun."

Wenn es dieser Partner nicht ist, dann ist es eben der nächste, ist ihre Überzeugung.

Doch ist das auch die Wahrheit, tue ich mir wirklich etwas an, wenn ich bleibe?

Auf diese Frage versuchte ich, eine Antwort zu bekommen, sie lautet: „Das muss ich mir länger antun", wenn ich wieder heil und ganz werden will.

Alte Verletzungen sind nicht von heute auf morgen entstanden, deshalb können sie auch nicht von heute auf morgen heilen, sie brauchen ihre Zeit. Zeit, die viele glauben, nicht zu haben. Alles muss sofort und augenblicklich zur Verfügung stehen, deshalb sind Ungeduld und fehlende Ausdauer ein großes Dilemma in unserer sich immer schneller drehenden Welt.

„Das darf ich mir antun“ – lautet noch eine Umkehrung und bedeutet, dass ich mir erlaube, einen Gang runterzuschalten, und lerne, mich wieder auf mich selbst zu besinnen. Auf das, was mir wichtig ist, und damit auf meine eigenen Wünsche und Bedürfnisse mehr zu achten.

Auch auf die Gefahr hin, dass ich mich wiederhole, kann ich dies jedem nicht oft genug ans Herz legen. Was wir alle dringend brauchen, ist Besinnung, sonst werden wir immer mehr beschleunigt und kommen nicht mehr dazu.

Und das wiederum „darf ich mir nicht länger antun“.

Damit bekommt der ursprüngliche, stressige Gedanke eine neue Bedeutung, eine wesentlich positivere.

Immer nur das machen, was mir Spaß macht – ist das wirklich so erstrebenswert?

Einfach nur in den Tag hineinleben, lediglich den lieben Gott einen frommen Mann sein lassen, wie man so sagt?

Das kann es ja wohl nicht sein und ist es auch nicht.

Auf diese Frage versuchte ich jetzt, eine Antwort zu bekommen.

Ich fand heraus: „Ich darf nicht immer nur das machen, was mir Spaß macht.“

Mit diesem Verbot im Hinterkopf werde ich nur kurzfristig Freude haben, denn alsbald meldet sich dieser stressige Gedanke wieder und fordert von mir: „Schluss mit lustig, jetzt wird es ernst.“

Doch muss ich das wirklich, geht es einfach nicht, immer nur Spaß an einer Sache zu haben?

Als Erwachsener so glücklich wie ein unbeschwertes Kind sein zu wollen?

Man hat doch schließlich Pflichten und kann nicht einfach sorglos in den Tag hineinleben.

Das ist richtig, doch nur die halbe Wahrheit. Die ganze Wahrheit ist: Ich kann sorglos leben, wenn ich meinen stressigen Gedanken und Glaubenssätzen nicht länger folge.

Wer sagt mir denn, dass ich meine Pflichten verbissen, voller Sorge um die Zukunft und ohne Spaß an der Sache verrichten muss?

Nicht einer, außer meinem alten Denken.

Ja, ich darf auch mal Angst haben. Ja, ich darf auch mal schlecht gelaunt sein, wenn wieder mal alles schiefläuft.

Wichtig ist nur eines, eine positive Grundhaltung dem Leben gegenüber zu haben und auch mal über sich selbst lachen zu können.

Das alles kann ich erreichen, wenn ich mir selbst erlaube: „Ich muss nicht immer nur das machen, was mir keinen Spaß macht."

„Schluss mit ernst, jetzt wird es lustig" – dieser Umkehrung werden mir sicherlich viele zustimmen, denn schließlich ist es das, was ein jeder Mensch tief in seinem Herzen will, ein leichtes und fröhliches Leben.

„Dir werde ich schon noch Ordnung beibringen", waren die drohenden Worte meiner Mutter, wenn ich mal wieder alles stehen und liegen gelassen hatte.

Worte, die bei mir zu einem Ohr hinein und zum anderen wieder hinausgingen. Das Einzige, was sie bei mir hinterließen, waren Schuldgefühle, weil ich es nicht geschafft hatte, für Ordnung zu sorgen.

Wie konnte ich auch, wenn meine Mutter davon überzeugt war, dass ich keine Ordnung kenne, sie somit von meiner Liederlichkeit voll überzeugt war.

Doch war ich wirklich so liederlich, kannte ich wirklich keine Ordnung?

Die Wahrheit ist: „Mir muss keiner Ordnung beibringen."

Dies bedeutet, dass ich weiß, was Ordnung heißt, und mein Versäumnis lediglich darin bestand, dass ich diesem

Wissen keine Taten folgen ließ. Schließlich wusste ich ja, wo die Sachen hingehörten.

Stattdessen folgte ich noch einem stressigen Gedanken, er lautete: „Alles färbt auf mich ab."

Meine Mutter brachte mir gegenüber zum Ausdruck, dass ich liederlich sei, und das, was mir meine Mutter sagte, war für mich die Wahrheit. Sie wollte mich von meiner Liederlichkeit überzeugen, also blieb mir nichts anderes übrig, als das ebenso zu glauben.

Somit war es mir unmöglich, ordentlich zu sein, denn dies hätte ja bedeutet, schlauer als meine Mutter zu sein, und das durfte ja nicht sein.

Nun könnte man daraufhin erwidern: „Ich habe immer eine andere Ausrede", eine Aussage, die ich als Kind ebenso oft hörte.

Doch ist das auch die Wahrheit, habe ich das immer?

So ist es nicht, denn „ich habe keine andere Ausrede", als dem zu folgen, was mir meine Eltern damals sagten. Aus dem einfachen Grund, weil ein Kind gar keine andere Chance hat, als auf seine Eltern zu hören. Das eigentliche Dilemma besteht darin, dass die Eltern ihre eigenen Beschränkungen an ihre Kinder weitergeben müssen, weil sie diese von ihren Eltern genauso übernommen hatten.

„Ich darf eine andere Erklärung haben" – lautet die Umkehrung und bedeutet, dass ich keine Entschuldigung brauche, wenn ich der Wahrheit folge.

Denn: „Es gibt immer eine andere Wahrheit" als die, die mir mein altes Denken erzählt.

„Es ist Zeit, etwas Neues zu beginnen und dem Zauber des Anfangs zu vertrauen" – diesen Spruch zitierte ich in meinem ersten Buch.

Dabei nicht wissend, dass in diesem wundervollen Spruch etwas fehlt, denn er beschreibt lediglich vage eine Ahnung.

„Es ist Zeit, das Neue zu beginnen und dem Zauber des Anfangs zu vertrauen", lautet die Umkehrung und bedeutet, dass für meine Wahrheit, die ich für mich herausgefunden habe, die Zeit gekommen ist. Und dass ich bereit bin, ihr zu vertrauen.

Doch solange ich den stressigen Gedanken in mir trage: „Ich habe kein Vertrauen mehr", hat mich der Mut bereits verlassen, bevor ich überhaupt damit begonnen habe.

„Ich habe wieder Vertrauen", dies lässt mich zumindest einen Anfang wagen.

Schließlich ist der Mann, der einen ganzen Berg abgetragen hat, der gleiche, der angefangen hat, den ersten Stein abzutragen.

Dies bedeutet, dass ich nicht mutlos und untätig vor einem riesigen Berg stehen bleiben muss, sondern mit einem kleinen Stein anfangen kann.

Ist das wirklich so einfach?

Wie soll einfaches Umdenken solch eine Wirkung auf mein Leben haben?

Wie sollen Gedanken, die ich als Kind gedacht habe, jetzt noch so massiv auf mein Leben einwirken?

Diese Fragen kann ich gut verstehen, schließlich hätte ich vor ein paar Jahren noch genauso gedacht.

Dazu möchte ich von einem Bericht erzählen, den ich unlängst im Fernsehen sah.

Es ging um einen berühmten Künstler, der weltweit unglaublich erfolgreich war und eine Menge Geld damit verdiente, dass er sich seinen Kindheitstraum verwirklicht hatte.

Er hatte quasi sein Hobby zum Beruf gemacht.

Ein Journalist interviewte ihn. Dabei erzählte er, wie sehr er als Kind unter der Herzlosigkeit seines Vaters gelitten habe. Man spürte deutlich, dass ihn dies immer noch sehr belastete.

Wie kann so etwas möglich sein: Ein überaus erfolgreicher Mensch, der eigentlich rundherum glücklich sein könnte, hat noch Probleme, die er bereits als Kind hatte?

Schließlich ist er doch schon lange den Kinderschuhen entwachsen.

„Ich bin kein kleines Kind mehr", diesem stressigen Gedanken folgen, so glaube ich, viele Menschen, denn schließlich glauben sie ja, bereits erwachsene Leute zu sein und keine kleinen Kinder mehr.

Auch ich glaubte dies und musste dabei etwas ganz anderes erfahren, denn die Wahrheit ist: „Ich bin immer noch ein kleines Kind." Es ist nicht etwa der Schmerz darüber, dass mich mein Vater so herzlos behandelt hat, sondern die Tatsache, dass ich mir nicht mehr erlaube, noch wie ein kleines Kind zu fühlen.

Dieser Mann hatte zwar offen über seinen immer noch vorhandenen Schmerz gesprochen, doch alles wies darauf hin, dass er sich ihm völlig hilflos ausgeliefert fühlte.

Er fand keinen Frieden mit seiner Vergangenheit.

Frieden finde ich nur, wenn ich mir wieder erlaube, wie ein kleines Kind meinen Schmerz zu fühlen. Erst dann kann er mich verlassen und nicht eher.

Wenn ein Mensch geboren wird, dann gleicht er einer wunderschönen Blume mit zarten, wundervoll duftenden Blütenblättern. Niemals käme diese auf die Idee, irgendetwas an sich auszusetzen. Sie steht einfach da, ist wunderschön anzuschauen und jeder erfreut sich an ihr, wenn er vorübergeht. Alles, was sie braucht, um wachsen und gedeihen zu können, nimmt sie für sich in Anspruch, ohne darüber nachzudenken. Sonne, Luft, Wasser, Nährstoffe, all dies empfängt sie, ohne sich in irgendeiner Weise Gedanken darüber zu machen, dass ihr dies vielleicht nicht zustehen könne.

Bis zu diesem einen Moment, der alles verändert.

Ein erster Gedanke schleicht sich unbemerkt von hinten an sie heran.

„Wie kannst du einfach so herumstehen und glücklich sein und überhaupt, siehst du denn nicht, wie das eine Blütenblatt völlig aus der Reihe tanzt, wie krumm du gewachsen bist?

Wie kann man mit diesem Aussehen glücklich sein? Das geht doch nicht. So hässlich, wie du aussiehst, mag dich kein Mensch anschauen."

Wir werden unsicher und schauen uns genauer an. Auf einmal sehen wir ein Blütenblatt, das aus der Reihe tanzt. Wir sehen, wie krumm wir gewachsen sind, und duften tun wir auch nicht mehr. Wir beginnen damit, die Teile einer wunderschönen Blume zu zertreten, ganz allmählich, je nachdem, was dieser ungebetene Gast uns zuflüstert.

Er tut es so lange, bis wir fest davon überzeugt sind, dass wir die hässlichste Blume sind, die es je gegeben hat.

„Ich bin hässlich", lautet daraufhin die erste Schlussfolgerung, die diese wunderschöne Blume von nun an verfolgt.

Eine Lüge, denn die Wahrheit ist: „Ich bin wunderschön."

Mit diesem neuen Gedanken bekommt die Blume wieder neue Kraft und Lebensfreude, die sie an frühere Zeiten erinnern und sie wieder in all ihrer Schönheit erblühen lassen.

Dieser Vergleich mit einer Blume soll nur eines verdeutlichen: Wie wichtig unser Urteil über unser Aussehen ist und dass dies unser Inneres widerspiegelt.

Wir fanden an uns nichts auszusetzen, bis es einem stressigen Gedanken gelang, uns zu überzeugen. Weitere stressige Gedanken hatten dadurch natürlich leichtes Spiel mit uns.

Dass wir uns als hässlich empfinden, hat immense Auswirkung auf unser Leben, nicht nur was das Äußere anbelangt.

Vielleicht wirft jetzt so mancher ein: „Mein Aussehen hat mich noch nie interessiert."

Doch ist das auch die Wahrheit, kann das einem Menschen wirklich egal sein?

Ich glaube nicht, dass es so ist, denn sie folgen lediglich einem stressigen Gedanken. Er lautet: „Mein Aussehen ist mir egal."

Eine Lüge, denn die Wahrheit ist: „Mein Aussehen ist mir nicht egal." Denn alles steht in Beziehung zueinander, wie innen so außen und umgekehrt.

Ein Mensch, der in seinem Inneren nicht zufrieden ist, strahlt dies auch aus, ob er will oder nicht. Er sieht in seinem

Spiegelbild die ganze Unzufriedenheit, die von ihm Besitz ergriffen hat, und beschließt daraufhin, sein Aussehen wäre ihm egal.

Das soll natürlich nicht heißen, dass ich mich jetzt nur noch selbstverliebt vor dem Spiegel drehen und mir einreden soll, ich sei schön.

Diese Schönheit, von der ich rede, entfaltet sich ganz automatisch, sobald es mir gelingt, mich so anzunehmen, wie ich bin, mit all meinen Fehlern und Macken. Damit entledige ich mich eines großen Druckes, weil ich den gängigen Schönheitsidealen nicht länger hinterherjagen muss, sondern diese Schönheit in mir selbst finde.

„Wahre Schönheit kommt vom Aussehen." Diesem stressigen Gedanken folgen viele und er wird ihnen auch im Außen ständig suggeriert. Junge, schlanke, perfekt gestylte Menschen, bei denen sogar auf Bildern die Falten wegretuschiert werden, genießen den Anspruch eines erfolgreichen Menschen.

Doch ist man das wirklich, wenn man sich nicht mehr so zeigen darf, wie man in Wirklichkeit aussieht?

Wenn man nur ein Klischee bedient?

Ich glaube nicht, dass dies die Wahrheit ist, denn „wahre Schönheit kommt von innen".

Ich gebe zu, eine etwas abgedroschene Phrase, doch sie bringt es auf den Punkt.

Mit diesem Gedanken, den ich mir verinnerliche, kann ich mich nicht mehr hässlich fühlen, weil ich einem äußeren Schönheitsideal nicht länger hinterherrennen muss, sondern es in mir selbst finden kann.

„Ich bin nicht attraktiv", auch dieser stressige Gedanke ist eine Lüge, denn die Wahrheit ist: „Jeder Mensch ist attraktiv", und zwar, weil er einmalig, nicht zu kopieren ist.

Dieses neue Bewusstsein macht ihn attraktiv und man kann nicht anders, als sich von ihm angezogen zu fühlen.

Allein das Wissen um seine Einzigartigkeit lässt einen Menschen nicht länger denken: „Ich bin unvollkommen", sondern: „Ich bin vollkommen", und zwar so, wie ich bin.

Einem Menschen zu begegnen, der ganz in sich ruht, erzeugt eine unglaubliche Anziehungskraft, der sich keiner entziehen kann. Ihn umgibt eine faszinierende Aura, wir fühlen uns von ihm wie magisch angezogen, ob wir wollen oder nicht.

Dies hat auch seinen Grund, er fühlt sich in sich zu Hause. Er lebt in einem Zustand, der das Erstrebenswerteste ist, was ein Mensch erreichen kann. Niemals würde dieser Mensch irgendetwas tun, was ihm selbst schaden würde. Keine Beleidigung eines anderen würde ihm etwas ausmachen, denn diese prallt an ihm ab, weil es nichts in ihm gibt, was darauf eine Resonanz geben könnte.

Ich glaube, davon gibt es leider nicht viele – noch nicht. Denn viele folgen dem stressigen Gedanken: „Ich fühle mich nirgendwo zu Hause."

Mit diesem Gedanken flüchten sie vor ihrem Zuhause und werden nirgendwo ihr Glück finden. Damit folgen sie einer Lüge, denn die Wahrheit ist: „Ich bin in mir zu Hause."

Ein Kind hat unzählige Fragen, alles will es wissen und kann deshalb manchmal ganz schön nerven. „Es fragt uns Löcher in den Bauch."

Doch weshalb dieser Vergleich, was hat das alles mit dem Bauch zu tun?

Sehr viel, denn da sitzt unsere Intuition, unser Bauchgefühl, und das will ein Kind ansprechen, weil es instinktiv weiß, dass es da auf jede Frage eine Antwort bekommt. Dahin will es vordringen und auch wir Erwachsene werden damit gezwungen, nach Antworten zu suchen.

Denn die Fragen, die ein Kind stellt, erscheinen uns oftmals recht seltsam. Wir finden manchmal selber keine Antwort darauf.

„Es antwortet uns durch den Bauch" – lautet die Umkehrung, und zwar ist damit unser Herz selbst gemeint, unser wahres Selbst.

Als wir noch Kind waren, erhielten wir oftmals die Antwort: „Frag nicht so viel!“ Oder: „Halt mal deine Klappe!“

Unbewusst prägte sich damit ein: „Ich darf nicht so viele Fragen stellen.“

Damit jedoch verwehre ich mir selbst den Zugang zu meiner Intuition, bleibe stumm und voller unbeantworteter Fragen.

Dabei wäre es so einfach, mir die Umkehrung ins Bewusstsein zu rufen, und zwar: „Ich darf viele Fragen stellen“, und: „Ich halte nicht meine Klappe.“

Damit meine ich jedoch nicht, dass ich als Erwachsener andere mit meinen Fragen löchern soll, sondern dass ich versuche, in mir die Antworten zu finden.

Doch es bringt nichts, unsere Eltern oder irgendjemanden dafür verantwortlich zu machen. Sie handelten im guten Glauben so, wie sie es von ihren Eltern übernommen hatten, deshalb konnten sie nicht anders.

Aus diesem Grund bin ich auch davon überzeugt, dass fast jeder Mensch etwas in sich trägt, was er sich selbst nie verziehen hat. Das ihn auch nach vielen Jahren noch sehr belastet, weil es „ihm immer noch anhängt“.

Gibt es nun eine Möglichkeit, sich davon zu befreien?

Oder muss ich zeit meines Lebens diese Last mit mir herumschleppen?

Muss ich nicht, denn dafür gibt es eine andere Wahrheit, sie lautet: „Ich hänge noch etwas dran.“ Das bedeutet, dass ich dieser Begebenheit etwas andichte, weil ich meine Schuldgefühle dranhänge.

So, wie ich viele Jahre unter extremen Schuldgefühlen litt, als meine Mutter für zwei Wochen in die Klinik sollte. Ihr Gesundheitszustand hatte sich dramatisch verschlechtert.

Obwohl sie sich mit Händen und Füßen dagegen wehrte, sah ich keine andere Möglichkeit. Ich konnte ihr zu Hause nicht mehr helfen.

Es wurde ein Abschied für immer, sie starb nach ein paar Tagen.

Erst durch meine Überprüfungen gelang es mir, mich von diesen Schuldgefühlen zu befreien.

Ich erkannte, dass ich alles Menschenmögliche getan hatte, um meiner Mutter zu helfen. Mehr ging einfach nicht und damit „hängt mir nichts mehr an".

Es ist allgemein bekannt, dass Dankbarkeit mehr von dem erschafft, wofür ich dankbar sein kann.

Was jedoch, wenn es für mich nichts gibt, wofür ich dankbar sein kann?

Soll ich etwa dankbar sein, weil ich arbeitslos bin?

Dankbar sein, weil ich mit dem Geld gerade so über die Runden komme?

Dass ich mich überflüssig, nicht mehr wichtig fühle?

In der Tat, dafür braucht keiner dankbar zu sein.

Doch ist das die ganze Wahrheit oder folge ich damit lediglich einem stressigen Gedanken?

Ich glaube schon, dass es so ist, denn er lautet: „Für mich gibt es nichts, wofür ich dankbar sein könnte."

Ist das wahr, gibt es wirklich nichts, wofür ich dankbar sein kann?

Eine Antwort bekomme ich mit der Umkehrung. Sie lautet: „Für mich gibt es vieles, wofür ich dankbar sein kann."

Wenn ich dazu 30 Jahre zurückblicke, dann haben wir alle, ob Ost oder West, einen Quantensprung gemacht. Das brauche ich sicherlich nicht noch einmal zu erläutern.

Das größte Wunder war geschehen. Und heute?

Ist von dem Wunder bei manchen nicht mehr viel übrig geblieben.

Stattdessen Frust und die Meinung: „So habe ich mir das nicht vorgestellt."

Doch wie habe ich es mir dann vorgestellt?

Die Umkehrung dazu lautet: „Ich habe mir das anders vorgestellt."

Noch konkreter wird es mit: „Das habe ich mir so vorgestellt."

Mit diesem neuen Gedanken kann jeder sofort aktiv werden und ganz speziell für sich herausfinden, was mit diesem „so" gemeint ist.

Schon allein für diesen neuen Gedanken kann ich dankbar sein, denn er holt mich aus meiner Opferrolle heraus, hinein in meine Schöpferkraft.

„Aber so einfach ist das nicht, ich bin zu alt, zu wenig qualifiziert, ich habe schon zig Bewerbungen geschrieben und nicht mal eine Antwort bekommen."

Ja und, wo ist das Problem?

Woher weiß ich denn, dass nicht genau die nächste Bewerbung ein Volltreffer wird?

Mit der gleichen Überzeugung, mit der Sie Ihre vergangenen Bewerbungen geschrieben haben, könnten Sie nämlich die Sache umdrehen und Ihren Absagen eine Absage erteilen.

Dann wird aus „Ich bekomme nur Absagen" ein neuer Gedanke. Er lautet: „Ich bekomme nicht nur Absagen."

Die gleiche Energie, die Sie für alle negativen Bewerbungen eingesetzt haben, können Sie von nun an nutzen, um positive Bewerbungen abzuschicken.

Denn wie kann ich eine positive Antwort bekommen, wenn ich schon im Vorfeld mit einer Absage rechne? Dies ist schlichtweg unmöglich.

Dann könnte ich genauso gut schreiben: Ich möchte eine Stelle als Bäcker, habe jedoch eine Mehlallergie.

Auch der Gedanke „Das wird sowieso wieder nichts" ist eine sich selbst erfüllende Prophezeiung, auf die garantiert keine Zusage folgt.

„Diesmal wird es etwas", mit diesem neuen Gedanken befreie ich mich von ihr und kann meine Aufmerksamkeit auf positivere Gedanken lenken.

Eine weitere stressige Überzeugung ist oftmals nicht die, keine Arbeit zu finden, sondern die Angst, irgendwo zu landen, wo ich keine Erfüllung finde oder zu schlecht bezahlt oder womöglich als billige Arbeitskraft nur ausgenutzt werde.

Wie kann es mir mit diesen unbewussten Abwehrmechanismen gelingen, meinen Traumjob zu finden? Das ist einfach nicht möglich. Diese Kräfte reden dagegen, auch wenn mir mein Traumjob angeboten würde. Irgendeinen Grund finden sie immer, um ihn mir auszureden.

Nichts ist deshalb wichtiger, als meinen inneren Saboteuren auf die Schliche zu kommen und sie mir bewusst zu machen.

Um diese „Vorarbeit" kommt kein Arbeitsloser herum, der wirklich einen neuen, auf ihn zugeschnittenen Beruf sucht, in dem er seine Erfüllung findet.

Klingt alles zu utopisch, zu unwirklich?

Dann möchte ich Ihnen noch einen weiteren stressigen Gedanken vorführen, er lautet: „Ich bekomme das, woran ich glaube." Bin ich der festen Überzeugung, sowieso nur Absagen zu bekommen, dann bekomme ich sie auch.

Helfen kann mir dabei nur eine neue Sichtweise auf die Dinge, und zwar: Wenn ich nicht länger glaube, dass es etwas wird, dann wird es etwas. Dies ist ein Paradoxon, das auf den ersten Blick nicht gleich zu verstehen ist. Doch bei näherem Betrachten erfahre ich den tieferen Sinn. Damit meine ich, dass es nichts mehr mit den Absagen wird.

Wir neigen eher dazu, etwas nicht zu glauben, als etwas zu glauben.

Schließlich wollen wir uns ja nichts weismachen lassen, haben unsere eigenen Überzeugungen, auch wenn wir mit ihnen auf der Stelle treten und nicht vorwärtskommen.

„Ich erteile meinen Absagen eine Absage" – damit eröffnen sich mir mehr Möglichkeiten, als wenn ich dem ursprünglichen, stressigen Gedanken weiter folge.

Alles scheint nur ein Gedankenspiel zu sein, jedoch mit einer unglaublichen Wirkung.

„Worte sind Schall und Rauch" oder „Ich erzähle viel, wenn der Tag lang ist" – lassen uns zu der Überzeugung gelangen, dass Worte keinerlei Macht über uns besitzen.

Damit folgen wir einer Lüge, denn mit Worten sprechen wir das aus, wovon wir innerlich überzeugt sind.

„Worte sind nicht nur Schall und Rauch und ich denke viel, wenn der Tag lang ist", lautet die Wahrheit und bedeutet, dass Worte das wiedergeben, was wir denken.

Es gibt jedoch Unterschiede zwischen stressigen Gedanken. Das sind einmal Gedanken, bei denen man lediglich ein leicht unbehagliches Gefühl verspürt.

Bei anderen wiederum kann es so sein, dass es mir vor lauter Angst förmlich die Kehle zuschnürt oder ich ein Gefühl der Enge in der Brust verspüre.

Dies hat auch eine Ursache. Werde ich durch einen stressigen Gedanken existenziell bedroht, dann durchströmen mich Existenzängste, die sich durch Schweißausbrüche, Herzjagen oder Atemnot bemerkbar machen. Dabei ist es unerheblich, ob eine Gefahr im Moment wirklich besteht oder nicht. Allein der Gedanke daran erzeugt diese stressigen Gefühle.

Wie kann man sich davor schützen? Oder bin ich solchen Gedanken hilflos ausgeliefert?

Bin ich nicht, denn: „Ich bin meinen Gedanken nicht hilflos ausgeliefert."

Ich kann etwas tun. Zunächst muss ich jedoch alle Gefühle zulassen und mich nicht länger wie in der Vergangenheit dagegen sträuben. Auch wenn ich mich damit wiederhole – es ist wirklich wichtig.

Dann kann ich mir die Frage stellen, was will mir dieses Gefühl sagen?

Manchmal steigen Bilder aus vergangenen Situationen auf oder Worte kommen mir in den Sinn, die mich in der Vergangenheit zutiefst verletzt haben.

Betrachte ich dies alles aus der Rolle eines Zuschauers, kann ich erkennen, dass meine Ängste mir lediglich helfen wollten, den normalen, angstfreien Zustand in mir wiederherzustellen.

Ich kann erkennen, dass meine Ängste nicht meine Feinde sind, sondern mir einen abgespaltenen Teil meiner selbst zurückbringen wollen.

Den Teil, den ich verstoßen hatte, da er so schmerzliche Gefühle hervorrief, weil ich mich gegen ihn sträubte.

Schon allein die Annahme meines Schmerzes wirkt unglaublich befreiend und lässt mich den stressigen Gedanken erkennen, der verantwortlich für seine Entstehung war.

Doch dann geschieht etwas Wunderbares, ich fühle mich von einem immensen Druck befreit und der stressige Gedanke kann mich friedlich verlassen.

Das alles nur deshalb, weil ich mich nicht länger gegen meinen Schmerz gesträubt habe.

In einem Zeitungsartikel wurde unlängst von der Hochzeitsfeier eines hochbetagten Ehepaares berichtet. Beide saßen im Rollstuhl, die Frau war blind.

Sie waren früher schon mal ein Paar gewesen, hatten sich aus den Augen verloren und in dem Heim, in dem sie lebten, wieder zueinandergefunden.

Immer wieder suchte die Frau nach der Hand ihres Mannes und fragte: „Bist du noch da?"

Die Vorstellung, auch im hohen Alter noch einmal zu solch großen Gefühlen fähig zu sein, berührte mich zutiefst. Schon allein die Anwesenheit des geliebten Partners schien beiden das größte Glück zu sein. Weder ihre Blindheit noch der Rollstuhl konnten sie davon abbringen.

Weshalb berührte mich dieses Bild so?

Verbarg sich da ein stressiger Gedanke dahinter?

Gab es da etwas in mir, das noch geklärt werden wollte?

Das gab es, denn „ich habe meine große Liebe aus den Augen verloren".

Meine große Liebe war und ist mein Mann, diese Liebe hatte ich all die Jahre aus den Augen verloren.

Stattdessen lebte ich mit einem Mann zusammen, der nichts mehr mit dem Mann gemeinsam hatte, den ich einmal kennenlernte. All seine Macken, all seine Fehler, die ich anfangs noch lächelnd wegwischt hatte, machten ihn für mich zu einem Monster.

Er schien mir ein Mann zu sein, der nicht fähig sei, größere Gefühle zu empfinden.

Damit folgte ich der größten Lüge meines Lebens, denn die Wahrheit ist: „Ich habe meine große Liebe nicht aus den Augen verloren."

Dies bedeutet, im Außen schon, doch in meinem Inneren war er ständig präsent. Dort hatte ich ihn nie aus den Augen verloren, da war er einfach immer da.

Auch mit der Umkehrung – „Ich habe mich aus den Augen verloren" – erfahre ich die Wahrheit.

Indem meine große Liebe für mich scheinbar nicht mehr existierte, hatte ich auch den Bezug zu mir selbst verloren.

Ich glaubte, unsere Beziehung sei zu Ende, und betrog mich damit selbst, folgte stattdessen immer weiteren stressigen Gedanken. Der Frühling unserer Ehe war vorbei, bevor er überhaupt begonnen hatte, und eine Eiszeit nahm seinen Lauf.

„An Tagen wie diesen wünscht man sich Unendlichkeit", dieser Titel von den „Toten Hosen" bringt es auf den Punkt. Denn in meinem Leben waren schon lange tote Hose und keine Lebendigkeit mehr.

An solch einem Tag, an dem man erwacht und sich und seinen Partner wieder so sehen kann, wie man wirklich ist, wünscht man sich, die Zeit zurückdrehen zu können.

Dies ist möglich, denn in uns existiert Unendlichkeit. Das Gefühl der Liebe kennt keine Grenzen, weder in Zeit noch Raum. Ich kann es mir jederzeit wieder ins Bewusstsein holen und mich von ihm tief berühren lassen.

„An Tagen wie diesen ist Unendlichkeit" – das ist die Wirklichkeit und sie ist unendlich, unzerstörbar, so wie dieser göttliche Kern in uns.

Doch wie kann ich ihn erleben, wenn ich davon überzeugt bin, er existiere nicht, und stattdessen einem stressigen Gedanken Glauben schenke, der lautet: „Ich muss mein wahres Selbst verbergen."

Doch verlangt dies irgendeiner von mir?

Ich glaube nicht, denn die Wahrheit ist: „Ich kann mein wahres Selbst zeigen“, und muss nicht länger einer falschen Vorstellung von mir folgen.

In der Schule war ich ein sehr zurückhaltendes, stilles Kind, wie ich mich erinnern kann.

Doch kann es sein, dass dies nicht immer so war?

Dass ich alles andere als introvertiert war, wie ich immer glaubte?

Jetzt im Nachhinein kommt mir in Erinnerung, dass ich vor der Schulzeit ein sehr impulsives, aufgewecktes Kind war, das kaum einmal still sitzen konnte, das einen sehr großen Bewegungsdrang verspürte. Heute würde man wohl sagen, ich hätte an ADHS gelitten.

Kaum einer, der mich jetzt kennt, würde das glauben wollen, doch es ist die Wahrheit.

Wie eingesperrt musste ich mich gefühlt haben, als es in der Schule hieß, still sitzen über mehrere Stunden hinweg.

Doch war ich deswegen krank, nur weil ich dem ganz natürlichen Drang eines Kindes folgte?

Oder war es so, dass mir eingebläut wurde: „In der Schule musst du still sitzen und dich möglichst nicht bewegen.“ Eine Qual für jedes Kind, denn damit wird es in eine Zwangsjacke gesteckt, in der es sich immer unwohler fühlen muss. Zwangsläufig wird es immer stiller oder vielleicht auch immer widerspenstiger werden.

Einen Ausweg aus diesem Dilemma sehe ich in Form eines neuen Denkens, und zwar: „In der Schule darfst du dich auch bewegen.“

Wird einem Vorschulkind bereits im Vorfeld klargemacht, dass es nicht nur sitzen muss, sondern sich auch mal bewegen darf, nimmt man dem Kind schon einen Teil seiner Ängste.

Meiner Meinung nach ist in diesem Punkt auch die Schule gefragt, sich über neue Strukturen Gedanken zu machen. Denn dieses Thema wurde, so glaube ich, in der Vergangenheit nicht genügend beachtet und sorgt deshalb oftmals für große Unruhe in den Klassen.

Die Diagnose ADHS trifft nur in den seltensten Fällen zu und dient lediglich dazu, dieser „Krankheit", die eigentlich keine ist, einen Namen zu geben.

Aufgeputscht werden diese Kinder zusätzlich von den Zukunftsängsten der Eltern, die wir früher nicht kannten. Wer hatte schon Angst um seinen Arbeitsplatz oder Angst, keine Lehrstelle für sein Kind zu bekommen? Nicht umsonst geht man davon aus, dass Kinder von Hart-IV-Empfängern mit an Sicherheit grenzender Wahrscheinlichkeit ebenso welche werden. Wobei wir wieder bei dem Thema der sich selbst erfüllenden Prophezeiung wären.

Und da wiederum sind die Eltern gefragt, wie ich es bereits in meinem ersten Buch beschrieben habe.

Auch der Gedanke „Ich muss sitzen bleiben und darf nicht aufstehen" ist ein stressiger und sorgte bei mir dafür, dass er extrem hinderlich für mein Leben wurde.

Ich bin im wahrsten Sinne des Wortes in der 11. Klasse sitzen geblieben und nie wieder aufgestanden. Damit hatte mich diese stressige Überzeugung eingeholt und bestimmte mein ganzes weiteres Leben.

Doch Gott sei Dank kann ich dem jetzt etwas anderes entgegensetzen, und zwar: „Ich muss nicht sitzen bleiben und ich darf wieder aufstehen."

Dies bedeutet, dass kein Kind sitzen bleiben muss, sondern aufstehen darf, um seinen ganz persönlichen Weg zu gehen. Den Weg, den die Schule nicht kennt und oftmals auch nicht seine Eltern, weil sie ihren eigenen Weg selbst noch nicht erkannt haben.

Uns selbst wiederzufinden, zu erfahren, wer wir in Wirklichkeit sind und zu welchen Leistungen wir fähig sind, bedeutet radikales Umdenken.

Die Grenze unseres alten Denkens ist sehr eng gezogen, deshalb kann es auch nur einen winzig kleinen Teil der Möglichkeiten sehen, obwohl es in unserem Universum Tausende davon gibt.

„Es gibt nur die eine Möglichkeit" – das ist seine Wirklichkeit und daran hält es fest. Dabei ist auch unser Verstand zu weitaus Größerem fähig, als wir ahnen.

Ich möchte das an einem Beispiel etwas näher erklären.

Zum Beispiel finde ich jetzt kein Beispiel. Ich denke nach und mir fällt keines ein.

Woran liegt das?

Für mein altes Denken gibt es nur die eine Möglichkeit und die lautet: „Mir fällt jetzt nichts ein."

Alles nur ein Trick?

Vielleicht kann ich Sie mit noch einem stressigen Gedanken überzeugen, und zwar: „Ich sehe nur eine Möglichkeit."

Wie oft haben Sie diese Worte schon benutzt, waren mit dieser Möglichkeit jedoch nicht zufrieden?

Dies ist auch kein Wunder, weil sie eine Lüge ist, denn die Wahrheit lautet: „Es gibt unzählige Möglichkeiten", die ich jedoch erst dann erkennen kann, wenn ich mein altes, begrenztes Denken außen vor lasse.

„Es gibt unzählige Ausreden", und zwar für mein altes Denken, um sich zu rechtfertigen, dass es keine andere Möglichkeit findet.

Auch die Umkehrung – „Meinem alten Denken fällt nichts ein" – ist die Wahrheit. Unser wahres Selbst kennt unzählige Möglichkeiten, die wir uns mit dem kleinen Teil unseres Bewusstseins nicht einmal vorstellen können.

Deshalb könnte man geneigt sein, unseren Verstand nicht mit ins Boot zu nehmen, weil er uns mit seinem kleinkarierten Denken als sehr hinderlich, zu träge und viel zu unbeweglich erscheint. Doch dies ist eine der größten Fallen, in die wir tappen können. Aus dem einfachen Grund, weil wir auch ihn und nicht nur unser Herz brauchen.

Er ist ein machtvolles Werkzeug, weil unser Gehirn über eine unvorstellbar hohe Intelligenz verfügt. Das Unglaubliche daran ist, dass wir diese Intelligenz nur zu einem verschwindend kleinen Bruchteil nutzen und noch dazu gegen uns selbst.

Ich möchte das einmal an einem Beispiel erläutern.

Unser Bewusstsein ist zweigeteilt. Und zwar einmal in den kleinen Teil, in dem wir bewusst denken und handeln. In dem beschlossen wird, ob etwas wahr oder eine Lüge ist. Dies geschieht ganz ohne unser Zutun, weil wir es für die Wirklichkeit halten.

Glauben wir das, was wir denken, dann wird es automatisch in unserem zweiten Teil, dem Unterbewusstsein, gespeichert.

Wissenschaftler gehen davon aus, dass dieser Teil etwa 96 Prozent unseres Gehirns ausmacht und wir lediglich 4 Prozent unseres Bewusstseins nutzen, obwohl uns 100 Prozent zur Verfügung stehen!

Daraus schließe ich, dass diese 96 Prozent lediglich das aufnehmen, was der kleinere Teil für die Wahrheit hält. Ein ungenutztes, schöpferisches Potenzial in hohem Ausmaß, das wir hauptsächlich mit stressigen Gedanken und Überzeugungen füllen und damit für den Stress in unserem Leben sorgen, anstatt seine positive Schöpferkraft für uns zu nutzen.

Dies bedeutet ebenso, dass wir mit Lügen, die wir für die Wirklichkeit halten, diese unglaubliche Intelligenz unseres Unterbewusstseins in hohem Maße missbrauchen und damit gegen uns selbst richten.

Damit tun wir etwas, was kein Tier jemals tun würde – uns selbst schaden.

Unser Denkapparat hat sich im Laufe der Jahrtausende zu etwas entwickelt, was man durchaus als selbstzerstörerisch bezeichnen kann. Und das nur, weil wir lediglich diesem verschwindend kleinen Teil, diesen 4 Prozent in uns, Glauben schenken.

Dieser kleine Teil ist das, was ich mit altem Denken bezeichne. Es ist der Teil unseres Bewusstseins, der nicht „über den Tellerrand schauen“ kann. Der größere Teil verfügt über diese Kraft. Doch wie kann er sie einsetzen, wenn er voller negativer, stressiger Gedanken und Überzeugungen ist, die wir einmal für die Wahrheit hielten? Damit bremsen wir uns selbst aus.

Obwohl unser Unterbewusstsein über unglaubliche Fähigkeiten verfügt, kann es eines nicht, etwas gegen unsere innere Überzeugung tun. Jeder Mensch verfügt über einen freien Willen und damit über das Recht, über sich selbst zu bestimmen. Ein Recht, das er ungenutzt lässt, weil er es abgegeben hat.

Und zwar an 4 Prozent unseres Bewusstseins, obwohl uns 100 Prozent zur Verfügung stehen!

„Ich bin das, was ich denke zu sein.“ Dieser Gedanke ist es, der uns mit den lächerlichen 4 Prozent identifizieren lässt. Doch wir sind weitaus mehr, wir sind 100 Prozent!

„Ich bin das, was ich wirklich bin“ – lautet die Umkehrung und bedeutet, dass wir mit diesem Gedanken wieder zu 100 Prozent wir selbst sein dürfen und uns nicht länger einreden müssen, wie unfähig wir sind.

Eine Frage beschäftigt mich noch zu diesem Thema.

Wenn mein Unterbewusstsein mit meiner inneren Weisheit verbunden ist, dann würde dies doch bedeuten, dass es die menschliche Sprache versteht. Weshalb reagiert es dann nicht, wenn ich neue Gedanken denke, die ich mir in Form von kleinen Zetteln an den Spiegel hefte und mir gebetsmühlenartig jeden Tag verinnerliche?

Liegt da nicht ein Widerspruch, wenn ich behaupte, unsere Gedanken seien es, die unsere Wirklichkeit erschaffen?

Nein, so ist es nicht, denn wir folgen auch hier einem falschen Gedanken, und zwar: „Das funktioniert sowieso nicht.“ Wir halten ihn für die Wirklichkeit und vertrauen deshalb nur unserem „gesunden Menschenverstand“. Und das heißt, arbeiten, um Geld zu verdienen, notfalls bis zum Umfallen.

Eine große Lüge, denn die Wahrheit ist: „Das funktioniert." Denn wahr ist, keiner muss arbeiten bis zum Umfallen, wenn er seinem Herzen folgt und nicht länger seinem alten Denken.

Byron Katy bin ich mit ihrer revolutionären Entdeckung zutiefst dankbar. Damit hat sie mir meinen Weg gewiesen und ich bin ihr gefolgt.

Doch an einer Stelle bin ich einen anderen Weg gegangen.

Und zwar nicht nur, weil ich etwas anders machte, als sie vorschlug, sondern weil ich noch etwas hinzugelernt hatte.

Für mich reicht es nämlich nicht, lediglich Gedanken loszulassen, ihnen nicht länger zu folgen und umzukehren. Dies war für mich nur eines, und zwar eine sehr wichtige Basis für meinen Weg, den ich dann allerdings in eine andere Richtung weitergehen musste.

Denn ich erkannte, dass ich erst dann wirklich vorwärtskomme, wenn ich meinem Unterbewusstsein neue „Aufträge" erteilte, nachdem ich all meine stressigen Gedanken losgelassen hatte.

Aus diesem Grund konnte sich auch nichts an meinem Leben ändern. Dies hat mit dem freien Willen zu tun, den Gott jedem Menschen gegeben hat. Deshalb kann unser Unterbewusstsein auch nicht eigenmächtig handeln.

„Ich muss alles festhalten", mit diesem Gedanken konnte es mir auch nicht gelingen, denn ein Vakuum im Inneren eines Menschen kann keiner lange aushalten. Abgesehen von Menschen, denen es bestimmt ist, so zu leben, wie zum Beispiel buddhistischen Mönchen.

Doch dies ist nicht meine Bestimmung, ich will etwas erschaffen und in der Welt bewirken.

Selbstwirksamkeit nennt man das.

Mit einem „Nichts" kann keiner schöpferisch tätig sein, denn schließlich ist die menschliche Schöpferkraft für jeden existenziell.

Doch dieser stressige Gedanke ist eine Lüge, denn die Wahrheit ist: „Ich kann alles loslassen." Sobald ich weiß, dass dies nur ein Übergangszustand ist, aus dem heraus etwas

Einzigartiges entstehen kann. Dann ist dieses „Nichts“ doch etwas, ein Neuanfang und den kann ich mehr als aushalten.

Ich lasse mich jetzt von meinen Gefühlen leiten, denn sie weisen mir den Weg, und zwar den Weg, der sich gut für mich anfühlt. Jeden neuen Gedanken muss (besser gesagt will) ich mir zunächst in ein Bild umwandeln, mit dem ganz automatisch positive Gefühle erzeugt werden. Eine bildliche Vorstellung ist somit unerlässlich, um sie Wirklichkeit werden zu lassen.

Und damit kann mein Unterbewusstsein aktiv werden. Indem ich mir meine neuen Visionen ins Bewusstsein hole, wird mein Unterbewusstsein alles daransetzen, sie Wirklichkeit werden zu lassen. Damit bekommt es einen neuen „Auftrag“ von mir und all meine Handlungen werden in diese Richtung gesteuert.

Als Genies sind wir geboren, um die Welt um uns herum zu erobern, doch nicht, um diese Gaben wieder verkümmern zu lassen. Es wird Zeit, dass wir uns wieder daran erinnern.

Ich habe schon viele Bücher gelesen, nicht nur Lebenshilfebücher. Darunter waren auch richtig dicke Wälzer, die mich trotz ihres Umfanges bis zuletzt gefangen hielten.

Eine Frage hat mich dabei immer wieder beschäftigt.

Wie kann man sich Geschichten in diesem Umfang ausdenken?

Ich habe schon Mühe damit, auf Bitten meines Enkels abends vor dem Schlafengehen eine erfundene Geschichte zu erzählen. Aber ein ganzes Buch einfach erfinden?

Das ist ziemlich paradox, schließlich sitze ich jetzt bereits an meinem zweiten Buch und die Gedanken sprudeln nur so.

Woran liegt das?

Verbirgt sich da etwa noch ein stressiger Gedanke dahinter?

Es ist so, denn „ich muss mein Leben neu erfinden“.

Mit diesem Gedanken ist es auch kein Wunder, dass ich Probleme mit erfundenen Geschichten habe. Denn es ist eine Lüge, mein Leben muss nicht neu erfunden werden, es existiert bereits.

„Ich muss mein Leben nicht neu erfinden", das ist die Wahrheit und bedeutet, dass ich darüber schreiben kann, ohne groß überlegen zu müssen.

Für mich gibt es nur noch eines, und zwar: „Ich muss keine Geschichten mehr erfinden."

Dies ist auch der Grund, weshalb ich jetzt bereits an meinem zweiten Buch sitze und dabei nicht groß überlegen muss.

Obwohl ich schon viel über das Thema Reichtum geschrieben habe, möchte ich doch noch einmal darauf zurückkommen.

Wir alle wollen finanziell abgesichert sein, ein durchaus verständlicher Wunsch, auch von mir.

Doch sind wir auch bereit dafür oder ist es nicht eher so, dass wir uns lediglich darüber aufregen, dass alles immer teurer wird, dass am Ende des Monats immer weniger übrig bleibt?

Dass die Mieten, die Lebenshaltungskosten immer weiter ansteigen?

Dass mein Frust darüber wächst und nicht mein Bankkonto?

Ich glaube schon, dass es so ist, denn die meisten von uns folgen lediglich einem stressigen Gedanken, er lautet: „Ich habe ein Recht darauf, mich aufzuregen."

Jeder hat das Recht, sich aufzuregen, das ist wahr, doch hilft mir das?

Führt es dazu, dass ich weniger bezahlen muss?

Ich glaube nicht, denn wahr ist: „Ich habe ein Recht darauf, mich nicht aufzuregen."

Wie ist das zu verstehen?

Alles, was ich öffentlich verurteile, sei es am Stammtisch, auf Arbeit oder sonst wo, erzeugt mehr davon, also muss für mich logischerweise alles teurer werden.

Muss ich dies nun zwingend immer weiter tun?

Nein, muss ich nicht.

Mit den Umkehrungen kann ich neuen Wegen und damit neuen Gedanken folgen.

Das ist einmal: „Ich habe ein Recht auf Wahrheit“ und „Ich habe ein Recht auf Reichtum“.

Darin wird mir wohl ein jeder zustimmen, doch nicht völlig davon überzeugt sein.

Dies hat auch seinen Grund, denn: „Der kleine Arbeiter ist immer der Dumme“, lautet noch eine gängige Überzeugung.

Doch ist sie auch wahr, ist der kleine Arbeiter, der durch seiner Hände Arbeit erst die Werte erschafft, wirklich der Dumme?

Ich glaube nicht, dass dies wahr ist, denn: „Mein altes Denken ist immer der Dumme.“

Solange ich den stressigen Gedanken folge, werde ich nicht anders können und mich nur aufregen. Damit bin ich in einer Endlosschleife gefangen, aus der ich nicht herauskomme.

Ich werde für immer ein Opfer sein, wenn ich lediglich in ein allgemeines Klagelied mit einstimme, anstatt nach dem Reichtum in mir zu suchen.

„Der kleine Arbeiter ist immer der Schlaue“, und zwar der, an dem negative Prophezeiungen abprallen und der sich von der allgemeinen Meinung nicht anstecken lässt, der einem anderem, seinem Weg folgt.

Dann wird nämlich aus dem kleinen Arbeiter ein ganz großer.

Denn die Wahrheit ist: „Jeder kleine Mensch ist groß“, der seinem Herzen und nicht länger seinen stressigen Gedanken und den Überzeugungen anderer folgt.

„Du müsstest dich mal hören, was du erzählst“, wird einem manchmal gesagt.

Weshalb tut man das? Glaubt derjenige etwa, dass ich keine Ohren hätte?

Man könnte das denken, denn „ich glaube nicht an das, was ich erzähle“, weil es Quatsch ist.

Wie oft erzählt man Dinge, bei denen man sich im Nachhinein fragt: Was hast du da eigentlich erzählt, das entbehrt doch jeglicher Grundlage? Ich habe das lediglich nur nachgeplappert, doch ganz genau wissen tue ich es nicht.

Und warum erzähle ich es trotzdem?

Die Antwort ist ganz einfach, denn „ich will an das glauben, was ich erzähle“.

Schließlich möchte ich bemerkenswert, glaubhaft und interessant sein. Da ist mir jedes Mittel recht, auch wenn es eine Lüge ist.

Aus diesem Grund ist es für mich besser, wenn „ich nicht das höre, was ich erzähle“.

Nur so ist auch zu erklären, dass in letzter Zeit viele Falschmeldungen im Internet die Runde machen. Jeder glaubt, es ganz genau zu wissen, um sich interessant zu machen, weil in seinem Leben nichts Spannendes und Aufregendes passiert.

Doch dieser Kick hält nicht lange an und schon wird Jagd auf den Nächsten gemacht.

Dabei vergisst man eines – das eigene spannende Leben. Und da gibt es so unglaublich viel Neues zu entdecken, dass man damit Seiten füllen könnte.

„In meinem Leben passiert nichts Neues“, lautet noch eine gängige Überzeugung, der auch ich lange Zeit folgte.

Doch ist sie auch wahr oder verhindert gerade diese Überzeugung, dass in meinem Leben etwas passiert?

Genau so ist es, denn „in meinem Leben ist schon viel Neues passiert“, doch ich konnte es nicht sehen, weil ich mehr mit anderen beschäftigt war als mit mir selbst.

Meine eigene Lebensgeschichte ist für mich spannender als jeder Krimi, liebevoller als jeder Liebesfilm und humorvoller als jede Komödie.

Aus dem einzigen Grund, weil sie authentisch und wahr ist.

Mit diesem neuen Gedanken kann ich selbst dafür sorgen, dass „in meinem Leben viel Neues passiert“ und ich damit für Schlagzeilen sorgen kann, die keiner Grundlage mehr entbehren.

„Du musst schon Deutsch mit mir reden“, sagt man zu jemandem, den man nicht verstehen kann. Man versteht einfach nicht, worauf dieser Mensch hinauswill. „Er redet um den heißen Brei herum.“

Doch kann es sein, dass ich ihn nicht verstehen will?

Dass genau ich das immer tue?

Ich glaube schon, dass es so ist, denn „ich kann kein Deutsch reden" und „ich rede um den heißen Brei herum". Dies bedeutet, dass ich nicht verstehen kann, worum es mir geht.

Doch in Wahrheit geht es einzig und allein darum, dass ich verstehe, um was es mir geht, was ich wirklich will.

Solange ich mir nicht im Klaren darüber bin, werde ich immer um den heißen Brei herumreden.

Zu erkennen, was ich wirklich will, bedeutet für mich eine der existenziellen Fragen eines jeden Menschen. Weiß ich es nicht, dann gleiche ich einem Schiff, dessen Steuermann eingeschlafen ist, das von den Wellen hin- und hergerissen und manchmal sogar an einen Felsen geschleudert wird. Es kann auch auf Grund laufen, wenn es dadurch zu nahe ans Ufer gelangt.

Was will ich damit sagen?

Sagen will ich damit, dass wir der Steuermann sind, der unser Schiff auf den Kurs bringt, der für uns vorgegeben ist. Nur mit offenem Herzen, wachem Auge und klarem Verstand kann ich alle Klippen und Gefahren umschiffen, um am Ende sicher dahin zu gelangen, wo das Ziel ist, das mit dem meines Lebens übereinstimmt.

Kenne ich dagegen mein Ziel nicht, dann werde ich ziellos umherirren und nirgendwo ankommen, mich nirgendwo zu Hause fühlen.

Mein Schiff hat seinen Heimathafen gefunden. Ich war lange Zeit führerlos mit ihm unterwegs, doch nun bin ich erwacht und habe es wieder auf den richtigen Kurs gebracht.

Einen gierigen Menschen empfinden wir in der Regel als abstoßend. Doch weshalb ist das so?

Kann es sein, dass wir uns selbst für unsere Gier verurteilen?

Dass wir uns abstoßend finden, wenn wir es mit den Annehmlichkeiten des Lebens übertreiben?

„Ich übertreibe maßlos", lautet der stressige Gedanke, der sich dahinter verbirgt.

Doch ist das auch die Wahrheit, tue ich das wirklich?

Nein, tue ich nicht.

Denn wahr ist, wenn ich mich für meine Gier verurteile, dann gestatte ich mir nicht mehr, begierig Fragen zu stellen, um die Rätsel meines Lebens zu lösen.

Einmal damit begonnen, kann man nicht anders, als immer begieriger zu werden.

Und diese Gier ist mit einer der Treibstoffe, die einen Menschen antreiben.

„Ich untertreibe maßlos" – lautet die Umkehrung und bedeutet, dass ich mich und meine Fähigkeiten total unterschätze. Dass ich mich lieber kleinmache, lieber mich und andere verurteile, anstatt danach zu streben, die Wahrheit über mich herauszufinden.

„Ich betreibe maßlos", und zwar das, wozu ich mich berufen fühle, mit dem es sich gut für mich anfühlt. Da kann ich meiner Gier freien Lauf lassen, ohne mich dafür zu verurteilen oder verurteilen zu lassen. Einmal in Fahrt gekommen, werde ich immer sicherer und kann nicht mehr damit aufhören.

Dabei spielt es keine Rolle, wofür ich brenne. Wichtig ist für mich nur, dass ich für etwas brenne und mit meinem ganzen Herzblut dahinterstehe. Dann wirke ich ganz automatisch authentisch, ohne für meine Authentizität noch etwas tun zu müssen. Dies kann auch etwas Kleines und muss nicht zwingend etwas großartig Weltbewegendes sein.

Was zählt, sind die Glücksgefühle, die ich bei meiner Tätigkeit empfinde. Damit lade ich ganz automatisch andere ein, es mir gleichzutun, auch wenn es zunächst nicht danach aussieht, dass ich damit der Allgemeinheit diene, sondern nur meinen eigenen Interessen nachgehe. Doch der Schein trügt, denn Glücksgefühle eines Menschen dienen immer der Allgemeinheit. Und zwar, weil dieses Glück ganz automatisch auf andere ausstrahlt.

Für manchen Menschen kann es zum Beispiel zutiefst erfüllend sein, wenn er in seiner Gartenarbeit voll aufgeht, weil es für ihn nichts Schöneres gibt, als in der Natur zu sein und alles wachsen und gedeihen zu sehen. Oder eine ehrenamtliche Tätigkeit auszuüben, die ihn tief erfüllt.

„Ich muss authentisch sein." Mit diesem Gedanken werde ich es nie sein, denn mit ihm setze ich mich unter Druck und meine Authentizität weicht von mir.

Wahr dagegen ist, ich bin schon von Natur aus identisch und brauche keine künstliche Motivation, um mir das zu beweisen.

Deshalb folge ich den neuen Gedanken „Ich bin authentisch" und „Ich darf authentisch sein", und zwar so, wie ich bin.

„Rache ist süß" – mit diesem Gedanken erfahre ich kurzfristig Erleichterung. Doch längerfristig gesehen sorgen diese Gefühle dafür, dass ich für immer ihr Gefangener sein werde.

Deshalb lautet die Umkehrung: „Rache ist bitter", und zwar für mich.

Ich kann mich nicht mehr auf mich konzentrieren und übe damit Rache an mir selbst.

Mein ganzes Denken kreist nur noch darum, wie ich es dem anderen heimzahlen kann.

Einen Ausweg finde ich mit noch einer Umkehrung, sie lautet: „Vergebung ist süß."

Damit schlüpfe ich aus meiner Opferrolle und bin derjenige, der dem anderen etwas zu geben hat, denn „Vergeben ist Geben".

Dies bedeutet jedoch, dass ich in erster Linie mir etwas zu geben habe. Ich befreie mich nämlich von diesem mich extrem belastenden Gefühl der Rache und bekomme dafür die Genugtuung, um die es mir eigentlich geht. Wie das Wort schon sagt: „Ich tue mir genug."

Denn wahr ist ebenso: „Ich muss nichts." Keiner kann mich zu etwas zwingen, was ich nicht will.

„Ich will alles" und „Ich darf alles" – lautet die Wahrheit und bedeutet, dass ich mich nicht länger dafür verurteile, wenn ich mit offenen Händen dastehe und bereit bin, die Gaben des Lebens zu empfangen. Denn bereit zum Empfangen zu sein, ist etwas anderes, als Forderungen zu stellen. Dahinter verbirgt sich nämlich ein „Muss".

„Ich muss arbeiten, ich muss glücklich sein, ich muss Geld verdienen." All dies sind Forderungen, die ich an mich habe.

All diese Gedanken führen nur zu einem, ich bin unzufrieden mit meinem Leben und empfinde alles als eine Last. Schon allein eine andere Sichtweise kann meine Einstellung kolossal ändern.

„Ich darf arbeiten, ich darf glücklich sein, ich darf Geld verdienen."

Mit diesem neuen Gedanken erlaube ich mir selbst, privilegiert zu sein, und er lässt mich die Geschenke des Lebens erkennen.

Für manche mag meine Schreibweise lediglich eine Wortklauberei sein, andere wiederum werden ins Grübeln kommen. Dafür will ich keinen verurteilen, denn ich hatte oftmals selbst Zweifel, ob dies die richtige Art sei, um das mitzuteilen, was ich zu sagen habe.

Doch ich fand keine andere Möglichkeit, als auf diese Weise an die Wurzel allen Übels zu gelangen.

Und das sind nun einmal stressige Gedanken und Glaubenssätze, die ich mir über Jahre hinweg gebetsmühlenartig immer wieder vorgepredigt hatte.

„Ich erzähle mir immer dasselbe", diesem stressigen Gedanken folgte ich viele Jahre. Deshalb konnte ich mir auch nichts Neues mehr erzählen.

Damit folgte ich einer Lüge, denn die Wahrheit ist: „Mein altes Denken erzählt mir immer dasselbe." Seine einmal gefassten Überzeugungen ließen keine andere Möglichkeit zu, da konnte ich mich bemühen, wie ich wollte.

Doch mittlerweile weiß ich, dass es unendlich viele andere Möglichkeiten gibt, die ich mir erzählen lasse und mit großer Begeisterung weitergeben will.

Denn wahr ist ebenso: „Mein neues Denken erzählt mir immer Neues", und kann nicht damit aufhören, weil es noch so viel zu erzählen hat.

Schließlich bin ich jetzt eine begeisterte Zuhörerin geworden, die gespannt lauscht und nie genug davon bekommen kann.

Winterschlussverkauf. „Alles muss raus." So lautet jedes Jahr der Slogan, wenn es darum geht, die Lager freizumachen. Frei für eine neue Kollektion.

Hat dies nun auch etwas mit mir zu tun?

Hatte es, denn mein „Lager" war bis an die Decke gefüllt, sodass nichts Neues mehr reinpasste. Wie konnte ich auch Platz machen, wenn ich einem stressigen Gedanken folgte, der lautete: „Alles muss drinbleiben." Damit stopfte ich mein „Lager" voll und somit war es kein Wunder, dass in ihm kein Platz für Neues war.

Es wurde Zeit für einen „Schlussverkauf", denn „alles darf raus", und zwar komplett alles, um in mir Platz für Neues zu schaffen.

„Nichts darf drin bleiben", lautet der neue Slogan, dem ich nun folge und mir damit ermögliche, neue „Kollektionen" zu bestellen.

Und zwar Aufträge, die ich selbst ausgesucht habe, weil sie ganz nach meinem Geschmack sind.

„Du wiederholst dich", sagt man zu jemandem, der ständig das Gleiche erzählt, weil er es selbst nicht bemerkt. Oder nicht bemerken will?

Könnte es vielleicht sein, dass ich glaube, wenn ich alles doppelt und dreifach erzähle, verleihe ich dem Ganzen damit Nachdruck?

Möglich ist es, denn „ich muss mich wiederholen", sonst glaubt mir ja keiner, so meine Überzeugung.

Doch muss ich das wirklich, reicht es nicht, wenn ich es einmal sage?

Eigentlich müsste es reichen, doch wie soll das gehen, wenn ich diesem stressigen Gedanken folge?

Mit der Umkehrung gelingt es mir, denn: „Ich muss mich nicht wiederholen.“ Es reicht, wenn ich es einmal sage und stattdessen meine Konsequenzen ziehe.

Und zwar: „Ich sage es einmal“, damit wende ich mich ab und anderen Dingen zu.

„Ein Virus verunsichert die Welt.“ Darüber wurde in den letzten Tagen in den Medien berichtet. Mein erster Gedanke war: Wieder etwas Neues, nimmt das denn gar kein Ende mit diesen Negativ-Schlagzeilen?

Hat denn keiner mehr positive Nachrichten zu berichten?

Besteht der ganze Sinn der Medien nur darin, uns Angst einzujagen?

Gehen sie womöglich davon aus, nur so Aufmerksamkeit zu bekommen, oder erscheinen ihnen etwa positive Meldungen als zu langweilig?

Wollen wir Menschen wirklich nur das hören?

Ich glaube, nichts von alldem ist wahr.

Das, was wir in den Medien hören, ist lediglich das, was in unseren Köpfen spukt.

Mord, Totschlag, Krieg, Gewalt – dies sind die vorherrschenden Themen in uns.

Doch wir wollen nichts damit zu tun haben, weil sie uns Angst machen.

Die Medien spiegeln uns genau dies wider.

Wir dagegen wenden uns ab, wollen nicht in diesen Spiegel schauen. Schließlich glauben wir, friedliche Menschen zu sein. Schalten stattdessen die Nachrichten nicht mehr ein oder möchten am liebsten die Zeitung abbestellen.

Warum tun wir dies, anstatt selbst für Schlagzeilen zu sorgen, die wir auch wirklich hören wollen?

Darauf gibt es nur eine Antwort, sie lautet: „Die Wahrheit verunsichert mich.“ Und nicht etwa ein Virus.

Jahrtausendelang sind wir vor ihr davongelaufen, glaubten nichts anderes, als dass ein Mensch zum Leiden geboren sei. Doch wir können nicht ewig vor ihr davonlaufen, deshalb zeigt sie sich jetzt mit aller Gewalt. Sie kann nicht anders, weil uns nicht mehr anders zu helfen ist.

Sträuben wir uns nicht länger dagegen und öffnen wir uns für eine neue Wahrheit, die nichts mehr mit unserer alten zu tun hat.

Öffnen wir uns für neue Gedanken, mit denen wir für die Schlagzeilen sorgen, die wir auch hören wollen.

Einer davon lautet: „Ein Gedanke verunsichert die Welt", und zwar der Gedanke, dass jeder noch so kleine Mensch weitaus mächtiger ist als jedes Virus, jeder Krieg, jede Krankheit.

Dieser kleine Mensch, bei dem Herz und Verstand eine Einheit bilden, besiegt sie alle.

Er versteht es, seine Gedanken in die richtige Richtung zu lenken, denn „ein Mensch verunsichert die Welt", wenn er nichts von alldem mehr glaubt, was seine stressigen Gedanken ihm jahrelang eingeredet haben.

„Ein Gedanke sichert die Welt" und macht sie für uns sicherer als jede Waffe, jede Mauer, jeder Stacheldraht.

Unsere Gedanken erschaffen unsere Wirklichkeit, denn am Anfang stand immer eine Idee.

Deshalb ist die Zeit jetzt reif für meine Idee, dass endlich Frieden einkehre in mir und in allem, was mich umgibt. Mit diesem „Virus" möchte ich alle anstecken, denn er trägt einen Namen.

Sein Name lautet: Wahrheit und Liebe.

Warum fällt es uns oftmals so schwer, genau zu sagen, was wir wollen?

Wir sagen etwas in der Hoffnung, dass es ganz anders kommen möge. So nach dem Motto: „Es kommt sowieso immer anders, als ich denke." Wenn ich jedoch davon ausgehe, dass es anders kommt, als ich denke, dann muss es auch ganz automatisch anders kommen.

Mit dieser Einstellung wollen wir das Schicksal austricksen, dabei tricksen wir uns selbst aus.

Schließlich denke ich ja, dass alles anders komme, als ich denke.

Mit diesem Gedanken wird eines mit Sicherheit nie geschehen: dass es so kommt, wie ich es in Wirklichkeit will.

Denn die Wahrheit lautet: „Es kommt immer so, wie ich denke." Dies bedeutet genauso, dass ich mir völlig im Klaren darüber sein muss, was ich wirklich will, und nicht von hinten herum an die Sache herangehe. Klar darin zu sein, worum es mir geht, neue Gedanken zu formulieren, nachdem ich alle alten stressigen Überzeugungen losgelassen habe.

Wenn ich zum Beispiel lange Zeit davon überzeugt gewesen bin, ein Versager zu sein, kann ich mir eine neue Vision vor Augen halten. Und sie könnte lauten, dass ich nicht länger von mir glauben will, ein Versager zu sein. Diese Vision besagt nicht, dass ich keiner mehr bin, sondern dass ich mich weigere, dies weiter zu denken. Damit kann ich mir selbst ein Schnippchen schlagen, das jedoch für mich eine positive Wirkung hat, weil ich meinem Unterbewusstsein eine neue Richtung vorgegeben habe. Diese Vision wirkt stärker, als wenn ich mir immer wieder etwas erzählen würde, wovon ich in meinem Inneren nicht überzeugt bin.

„Ich rede mir etwas ein" – dieser Gedanke hält mich davon ab, mir etwas zu glauben, weil ich schließlich vom Gegenteil überzeugt bin.

Mit der Umkehrung kann ich mich davon befreien, sie lautet: „Ich rede mir nichts ein."

Ich weigere mich lediglich, weiter zu glauben, ein Versager zu sein.

Damit erkenne ich etwas, und zwar die Wahrheit. Und die Wahrheit ist, kein Mensch ist jemals als ein Versager geboren worden, seine Gedanken haben ihn lediglich dazu gemacht.

Viele kennen sicherlich das Schneeballsystem in Form von Kettenbriefen. Darin wird jedem vorgegaukelt, dass am

Ende ein jeder gewinnt. Die Idee an sich ist nicht schlecht, doch sie hat einen Haken. Diese „Schneebälle" werden als Pyramide dargestellt, die wie jede an der Spitze auch spitz zuläuft. Dabei wird vergessen, dass nur die unterste Reihe die Basis darstellt und auch nur die unterste Reihe von allen profitiert.

Weshalb ist das so? Das wollte ich jetzt überprüfen.

„Ich profitiere von den anderen", lautet der stressige Gedanke und lässt die Teilnehmer in dem falschen Glauben, dass alle von diesem System profitierten.

Es gibt nur eine Möglichkeit zu profitieren, und zwar, indem ich die Pyramide auf den Kopf stelle.

Dann wird daraus: „Alle profitieren von mir."

Ich als Einzelner unten und alle über mir?

Wäre das nicht eine Riesenlast, die ich tragen müsste?

Nein, wäre es nicht, denn „einer profitiert vom anderen". Dies bedeutet, dass ich das Schneeballsystem nutze, damit meine Überzeugungen von einem zum anderen weitergetragen werden und sich verbreiten können.

Und damit werde ich immer mehr entlastet, muss meine Wahrheit nicht länger allein tragen.

Denn auch eine Wahrheit, die man herausgefunden hat und für sich behält, ist eine große Last.

Was will ich hier?

Ich bin hier, damit ich nur dem folge, was mich glücklich macht, und tiefe Erfüllung darin finde. Und nicht länger dem folge, was andere von mir erwarten.

Denn wer außer mir kann das wissen?

Nicht einer, doch viele sind von etwas anderem überzeugt.

Sie verschieben alles auf die Zukunft, indem sie schon die Jahre bis zum Rentenalter zählen und davon ausgehen, erst dann das tun zu können, was sie wirklich wollen.

Doch damit verschenken sie viele Jahre ihres Lebens.

Leben besteht darin, *jetzt* schon das zu tun, bei dem wir tiefe Freude empfinden, und es nicht auf später zu verschieben. Es ist unsere heilige Pflicht, das herauszufinden, dazu sind wir da.

„Als kleiner Mensch bin ich nicht frei", dieser Illusion folgen viele und sind sich nicht bewusst, dass die Wahrheit eine andere ist.

„Als kleiner Mensch bin ich frei" und dies bedeutet, dass ich es in der Hand habe, zu wählen zwischen Freude und Frust. Damit muss ich nicht erst warten, bis ich Rentner bin, sondern kann sofort anfangen.

Dies ist auch der einzige Grund, weshalb wir geboren wurden.

Mir ist bewusst, dass ich damit viele Theorien auf den Kopf stelle und manche mir vielleicht nicht folgen können. Dies ist nicht weiter schlimm, denn wenn dies alles lediglich ein Denkanstoß für manche wäre, dann hätte ich schon viel erreicht.

Doch ein paar Fragen habe ich trotzdem noch.

Ist Ihnen Ihr Leben so wenig wert, dass Sie noch nicht einmal in Betracht ziehen, dass dies vielleicht die Wahrheit sein könnte?

Dass Sie lieber Tag für Tag einer ungeliebten Tätigkeit nachgehen?

Dass Sie lieber täglich Druck, Stress und Frust erleben wollen?

Dass Sie sich sagen: Ich kann froh sein, überhaupt einen Job zu haben?

Dass Sie sich sagen, anderen geht es noch schlechter?

Wenn Sie diese Fragen mit „Ja" beantworten, dann kann ich Ihnen, so leid es mir tut, nicht helfen.

Wenn Sie auch nur eine Frage mit „Nein" beantworten, haben Sie schon einen Riesenschritt in die richtige Richtung getan.

Doch dies ist erst der Anfang der Fragen, viele weitere werden folgen und Sie werden die richtigen Antworten finden.

Vor vielen Jahren habe ich damit begonnen, mir Lebenshilfebücher zu besorgen.

Ich glaubte zumindest, dass es damit angefangen hätte. Jetzt weiß ich, dass dies nur die halbe Wahrheit ist.

Angefangen hat es schon in meiner Kindheit, als ich Bücher regelrecht verschlungen habe.

Schon damals hat mir das Leben meinen Weg gewiesen, den mir meine stressigen Gedanken allerdings verboten haben.

All das, was ein Mensch so leidenschaftlich gern tut, soll und muss er auch beruflich oder, wenn er es verpasst hat, später ehrenamtlich machen.

Auch wenn zunächst Ängste auftauchen, damit nicht genügend zum Lebensunterhalt zu verdienen. Diese Ängste sind unbegründet, denn nichts erzeugt so viel Energie, Vertrauen und damit ganz automatisch auch Erfolg wie die Lebensaufgabe eines Menschen.

Dieser Mensch, der seine Lebensaufgabe gefunden hat, kann nicht anders, als Erfolg magisch anzuziehen. Er macht sich auch keinerlei Gedanken darum, auch wenn es am Anfang vielleicht nicht so aussieht und es manch einen Rückschlag gibt. Davon lässt er sich nicht abbringen. Denn ich glaube kaum, dass bei erfolgreichen Menschen immer alles glattgelaufen ist.

Was kann ich nun tun, wenn ich meine Lebensaufgabe erkannt habe und sie umsetzen will?

Ich möchte es Ihnen an meinem Beispiel erläutern.

Zunächst unbewusst habe ich damit begonnen, alles Wissenswerte über die Gesetze des Lebens zu erforschen. Ich besorgte mir ein Buch nach dem anderen, war regelrecht süchtig danach. Auch als sich zunächst keine Erfolge einstellten, machte ich immer weiter.

Ich spürte einfach, dass dies der richtige Weg war, auch wenn mich so manch einer dafür belächelte.

Sobald ich beginne, für eine Sache zu brennen, kann mich nichts mehr aufhalten.

Daran erkenne ich, dass es mein Weg ist, weil er auch mit meinem mir vorgegebenen Weg übereinstimmt.

Dann kann ich auch mit jeglicher Unterstützung des Universums rechnen.

Dinge geschehen, die ich mit meinem rationalen Verstand nicht erklären kann und die sich trotzdem richtig anfühlen. Jedes Buch, das ich in diesem Zusammenhang gelesen habe, war wie ein Puzzleteil, das sich Stück für Stück zu einem Gesamtbild zusammengefügt hat.

Jedes auch noch so kleine Teil war wichtig, denn nur so ergibt es ein großes Ganzes.

Es war mühevolle Kleinarbeit über Jahre hinweg, die sich, davon bin ich jetzt überzeugt, mehr als gelohnt hat.

Auch wenn geistige Arbeit von vielen gering geschätzt wird, für mich gibt es keine produktivere Tätigkeit, weil alles erst im Geist seinen Ursprung findet, um sich dann im Außen zu manifestieren.

Denn ohne Ideen lebten wir heute noch in der Steinzeit und könnten nur einen Stein behauen, anstatt ihn nach unseren Vorstellungen zu formen.

So hoffe ich und wünsche mir, mit meiner Idee den Stein ins Rollen gebracht zu haben, sodass ein jeder ihn nach seinen Vorstellungen behauen kann.

Die Autorin

Karin Klein wurde 1950 in Kahla geboren. 1969 erfüllte sie sich einen großen Traum: Sie fuhr zur See. Dieser Traum wurde jedoch schneller beendet, als ihr lieb war, und dennoch war es das Beste, was ihr passieren konnte. Später arbeitete sie als Kellnerin in Rostock, in einer Drogerie und lange Zeit in einem Porzellanwerk. Mittlerweile ist sie im Ruhestand, leidenschaftliche Gärtnerin und hat zu ihrer Berufung, dem Schreiben, gefunden. Nach „… immer diese Gedanken" ist „… immer noch diese Gedanken …" bereits ihr zweites Buch.